Eu escolho ser

ROSSANDRO KLINJEY

Eu escolho ser

Feliz

letramais

O autor cedeu os direitos autorais deste livro para a ONG Fraternidade sem fronteiras.
CNPJ: 11.335.070/0001-17 - www.fraternidadesemfronteiras.org.br

Obrigado por comprar uma cópia autorizada deste livro e por cumprir a lei de direitos autorais não reproduzindo ou escaneando este livro sem a permissão.

Letramais Editora
Rua Lucrécia Maciel, 39 - Vila Guarani
CEP 04314-130 - São Paulo - SP
(11) 2369-5377 -   (11) 93235-5505
letramaiseditora.com.br
facebook.com/letramaiseditora

Os papéis utilizados foram Book Paper 70g/m² Imune Avena New para o miolo e o papel Cartão Ningbo Fold 250g/m² para a capa. O texto principal foi composto com a fonte Sabon LT Std 13/18 e os títulos em Sabon LT Std 30/35.

Editores
Luiz Saegusa e Claudia Zaneti Saegusa

Direção editorial
Claudia Zaneti Saegusa

Capa
Casa de Ideias

Projeto Gráfico e Diagramação
Casa de Ideias

Fotografia de Capa
Shutterstock - Por rdonar

Revisão
Rosemarie Giudilli

Finalização
Mauro Bufano

Impressão
Lis Gráfica e Editora

13ª Edição
2025

Eu escolho ser
Feliz

Dados Internacionais de Catalogação na Publicação (CIP)
(Câmara Brasileira do Livro, SP, Brasil)

Klinjey, Rossandro
    Eu escolho ser feliz / Rossandro Klinjey --
1.ed. -- São Paulo : Intelítera Editora, 2018.

    ISBN: 978-85-63808-92-9

    1. Amor próprio 2. Autoajuda 3. Conduta de vida
4. Escolha (Psicologia) 5. Felicidade - Aspectos
psicológicos 6. Inteligência emocional 7. Paz
I. Título.

18-14320   CDD-158

Índices para catálogo sistemático:
1. Felicidade : Psicologia aplicada 158

SUMÁRIO

UM
Amor próprio e egoísmo: entenda a diferença 9

DOIS
Autoaceitação dói, mas faz bem 15

TRÊS
Dê independência à sua felicidade 21

QUATRO
Dono do próprio nariz 27

CINCO
Sucesso sem medo 33

SEIS
Medo também é bom! 39

SETE
O mundo está melhorando ou piorando? 45

OITO
Quando alguém que amamos adoece 49

NOVE
70 Vezes 7 é sinônimo de casamento 53

DEZ
Com a sogra e com afeto? 59

ONZE
A felicidade na **selfie** X a felicidade da realidade 65

DOZE
É impossível ser feliz e sozinho? 73

TREZE
Inteligência emocional 79

QUATORZE
Sonho e realidade 87

QUINZE
A velhice e a felicidade 95

DEZESSEIS
Como não viver ressentido? 101

DEZESSETE
A verdadeira paz 105

DEZOITO
Deus não passa cola 109

DEZENOVE
Como valorizar os momentos de sua vida 113

VINTE
O que faz diferença em nossas vidas? 119

VINTE E UM
Reciprocidade 127

VINTE E DOIS
Uma nova forma de enxergar os erros 135

VINTE E TRÊS
Se vendo de forma equilibrada 141

VINTE E QUATRO
Como é dentro, é fora 147

VINTE E CINCO
Eu escolho ser feliz 151

CAPÍTULO UM

Amor próprio e egoísmo: entenda a diferença

* * *

Muita gente confunde amor próprio com egoísmo. Então, vamos tentar fazer essa distinção, de modo que nós possamos contribuir com a nossa capacidade de nos amarmos. Uma coisa muito importante é que o amor próprio não é condicional. O que eu quero dizer com isso? É que muita gente só se amaria se fosse muito bonito, muito rico, muito capaz e muito inteligente.

Nesse caso, eu tenho uma notícia meio ruim para lhe dar: várias pessoas são mais bonitas, ricas, inteligentes, capazes e até melhores do que você. Logo, se você ficar se comparando com as outras pessoas, sempre será infeliz. Assim, você não tem que impor uma condição para se amar. Você tem que se amar e ponto, do jeito que você é. Isso não quer dizer que você não vá buscar se melhorar, procurar ser uma pessoa mais capaz e até melhorar sua aparência. Contudo, existe limite. Nós não somos maleáveis como massa de modelar. Temos um limite que precisa ser respeitado, inclusive por nós mesmos.

Além de não ser condicional, o amor próprio não é vaidoso.

Muitas pessoas têm grande necessidade de alardear suas próprias qualidades ou realizações. No entanto, quando alguém se comporta assim não está afirmando que se ama, mas mostrando o quanto é carente. Na verdade, essa pessoa está pedindo o amor do outro.

Portanto, pense muito bem antes de fazer um autoelogio. É importante que as pessoas digam que você é bom, mas não você mesmo. Fica chato e até inconveniente.

E o que não é amor próprio?

Amor próprio não é agir sem considerar se a minha ação afeta outras pessoas. Quem se ama respeita o outro e zela para que o seu modo de vida não o prejudique. Seja no casamento, no ambiente de trabalho ou em qualquer relacionamento de um modo geral, a pessoa que se ama de verdade prima por ser aquela que agrega, não a que separa.

Amor próprio também não significa fazer algo de bom para alguém, como ajudar ou dar um conselho, e depois ficar cobrando a conta pelo resto da vida. Doar-se, em qualquer nível, não se constitui numa infantil troca de favores. Aquele que se ama tem a capacidade de compreender que contribuiu com o outro sem que isso implique um débito. Amor próprio também não significa que, quando você acerta, o mérito seja apenas seu, mas, quando você erra, a culpa é do outro. Muitas pessoas têm a postura infantil de achar que, se tudo saiu bem, é porque foi fruto de um esforço pessoal, enquanto nos momentos em que os resultados não são satisfatórios é porque alguém deu um mau conselho ou não contribuiu com elas. É preciso que você assuma seus erros e tenha a capacidade de se responsabilizar pelas suas próprias escolhas.

E o que significa amor próprio?

Amor próprio significa não permitir que seus sentimentos sejam desorganizados. Você cuida dos seus sentimentos, assumindo a responsabilidade de cuidar da própria raiva, angústia, medos e vacilações sem projetá-los no outro. Então, quando você chegar a casa ou ao trabalho, não cabe jogar seus sentimentos desorganizados nas costas de outras pessoas, pois esses sentimentos são algo com que você precisa aprender a lidar.

É igualmente importante entender sobre o valor. Você precisa cuidar de si mesmo e valorizar-se, para que não necessite sempre da opinião dos outros para se sentir importante, pois a pessoa mais importante para você é você mesmo. Tem muita gente insegura, que fica sempre pedindo opinião alheia a seu respeito. Você tem de ser capaz de ser referência para si próprio, gostar de si como realmente é, não como as pessoas projetam em suas visões infantis segundo as quais você precisa ser sempre excepcional. Afinal, você não é nem nunca será o que os outros querem que você seja. Simplesmente, a vida tem de ser vivida como ela é, e nós temos de ser gratos pelo que já conquistamos.

Eu o aconselharia a ouvir uma linda canção de Dani Black, que contou com a participação mais que especial de Milton Nascimento, chamada *Maior*.[1] Eis um trechinho dela para você se inspirar:

> *Eu sou maior do que era antes*
> *Estou melhor do que era ontem*
> *Eu sou filho do Mistério e do Silêncio*
> *Somente o tempo vai me revelar quem sou*

---

1 Milton NASCIMENTO; Dani BLACK (Intérpretes). Maior. In: DANI BLACK (Compositor, intérprete). **Dilúvio** (2015). Álbum disponível para download em: <daniblack.com.br>. Videoclipe disponível em: <https://www.youtube.com/watch?v=mc1ANOYexlI>. Acesso em: 18 dez. 2017.

O que isso significa? Que você não sabe ainda quem você é, pois você, assim como eu, é um ser em eterna construção. Ame-se!

CAPÍTULO

DOIS

AUTOACEITAÇÃO DÓI, MAS FAZ BEM

* * *

Você já percebeu que há um mantra, um coro, uma propaganda liminar e subliminar nos garantindo que todos devemos e podemos, não importa como, ser pessoas de sucesso? Imagina você, no seu dia a dia corrido, cheio de contas para pagar, dando seus pulos para sobreviver, com um chefe insuportável, como não se sente facilmente atraído por esse discurso.

Mas, é bom não esquecer como esse apelo ao sucesso desconsidera o fato de que todos nós temos limites pessoais. De que nossa história particular, cheia de dores e frustrações, pode tornar essa busca por sucesso não em uma maratona rumo à felicidade, mas em uma via-crúcis torturante, muito mais propensa a uma nova decepção do que ao tão sonhado sucesso.

Ok, você deve estar pensando que eu estou lhe desestimulando a buscar vencer na vida. Não é isso. Com isso, não quero dizer que seja impossível e que não devamos buscar uma vida melhor, de modo algum. Apenas quero ressaltar algo fundamental – ter sucesso, ser um vencedor está muito mais relacionado a como nos sentimos do que ao que conquistamos.

A vida, como todos nós sabemos, é cheia de altos e baixos, e de modo mais marcante, quando estamos atravessando nossos desertos, os dias ruins, nossa autoestima fica significativamente abalada e comprometida.

Levando-se em consideração que a vida sempre terá dias difíceis, e que poderemos nos culpar por termos chegado a eles por nossas decisões equivocadas, se faz imprescindível desenvolvermos nossa autoaceitação, independentemente das circunstâncias, para que possamos transformar as coisas e nos fortalecer mental e espiritualmente, desenvolvendo a resiliência necessária para continuar nossa vida e nossos projetos.

Aceitar-se como você é constitui-se um elemento crucial para desenvolver seus mais fantásticos potenciais, por um motivo muito simples: se você não é capaz de ser o primeiro a amar e a confiar em si mesmo, desenvolvendo uma crença em sua capacidade pessoal e na possibilidade de alcançar seus sonhos, então, jamais alguém irá fazer isso por você. Não se terceiriza o amor próprio. E mesmo sabendo que Deus nos ama infinitamente, se não nos aceitarmos, não conseguiremos sentir todo esse amor que emana dEle.

Por isso, o primeiro e decisivo passo para a autoaceitação deve vir de dentro de nós mesmos, fruto do desenvolvimento de uma crença pessoal e inabalável em nós, pois ela é fundamental para todo o nosso crescimento pessoal.

O que seria autoaceitação?

Como posso finalmente gostar de mim? É fundamental compreender que só podemos ter autoaceitação quando nos aceitamos como somos, não como gostaríamos de ser. Não na fantasia de ser perfeito, sem erros, falhas, medo ou deficiência. Autoaceitação é a condição de você se perceber pleno, com suas possibilidades e competências, com aquilo que você conquistou, mas também com seus defeitos, com aquilo que você ainda não ultrapassou, com todas aquelas barreiras que ainda não foram transpostas.

A autoaceitação inclui você se aceitar globalmente. Sabe o que é fantástico na autoaceitação? O resultado dela na vida das pessoas que estão ao nosso redor. Quando finalmente nos aceitamos como somos, com defeitos e possibilidades, não nos resta alternativa a não ser aceitar igualmente as pessoas que estão ao lado como elas são.

Eu não crio mais expectativas de perfeição envolvendo a esposa, o esposo, a filha, o filho, o colega de trabalho, o companheiro de religião. Aceito as pessoas como elas são, porque me aceito como sou. Ao agir assim, eu me livro de um estresse: a ansiedade infantil de ser perfeito, algo impossível em matéria de humanidade.

Temos como característica a imperfeição.

No entanto, aceitar a imperfeição não significa dizer que não vamos mudar ou procurar mudar pontos em nós que, na nossa concepção, precisam avançar. Sim, mas precisamos ter paciência. A vida exige certos processos. Não é possível implementar mudanças do dia para a noite.

É necessário que tenhamos a leveza de enfrentar as nossas sombras e acolhê-las no entendimento de que muitos de nossos defeitos são, na verdade, aspectos infantis que precisam ser compreendidos, acolhidos, amadurecidos e modificados. Sem angústia, sem ansiedade e, sobretudo, sem um sentimento muito negativo para quem não se aceita: o de inferioridade, isto é, a autoestima rebaixada.

O sentimento de inferioridade se instala quando você se sente menor que os outros, por ter defeitos que, no seu julgamento, só você tem, embora todos nós tenhamos! A autoaceitação, portanto, nos dá o equilíbrio de perceber as nossas sombras, aqueles lados que precisam ser trabalhados, de modo que não foquemos exclusivamente neles, pois também temos virtudes. Além disso, ela nos permite enxergar as nossas competências, as nossas capacidades, as quais nos fortalecem para enfrentar esses pontos cegos da nossa personalidade.

Olhe-se no espelho sem a fantasia de que você tem de ser perfeito e sempre feliz.

Olhe-se no espelho aceitando-se como você é, integral e globalmente. Isso lhe permitirá ter a maturidade empática de aceitar as pessoas como elas são. Vale lembrar que as pessoas que mais nos amam são também aquelas que mais nos machucam porque elas não se conhecem muito bem.

Por outro lado, você não pode ficar somente com o lado ruim da relação. É preciso ficar com o todo. Do mesmo modo que você deve identificar as pessoas em sua integralidade, sem enfatizar apenas o que elas têm de negativo no filme do relacionamento interpessoal, isso também se aplica a você mesmo. Você não pode se concentrar apenas no dia da queda, no dia em que você não conseguiu, não obteve resultados. Há dias em que dá certo, você consegue obter resultados. E há dias em que não é possível.

Aceitar-se é uma condição sem a qual não conseguimos nos perdoar. E sem perdoar, jamais alcançaremos algo fundamental para o projeto de vencer e ser feliz: o autoamor.

CAPÍTULO
TRÊS

DÊ INDEPENDÊNCIA
À SUA FELICIDADE

* * *

A sociedade nos vende a ideia de que, para que nós possamos ser respeitados e importantes, temos de ser melhores em tudo. E isso gera uma sensação terrível de falência emocional. Quando você se vê obrigado a ser bom em tudo, você se sente péssimo em tudo, porque nenhum de nós é melhor do que todos nós juntos.

As características de nossas fragilidades são fundamentais. Essa angústia nunca será suprida com coisas. Podemos até imaginar que trocando de carro, usando uma roupa melhor, indo para o exterior, mudando a casa, trocando os móveis, temos um ganho temporário de satisfação. Mas, assim que você para no sinal vermelho e vê uma pessoa com um carro melhor do que o seu, você já se sente inferior.

A própria sociedade já programa isso. Por exemplo, você compra um carro esse ano. No ano seguinte, a concessionária lança novamente o mesmo carro, só que com uma pequena alteração no design, como um farol achatado. Então, quando você para do lado no sinal fechado e vê aquele farol achatado, você pensa: "O carro dele é melhor que o meu."

A única coisa que houve foi um achatamento de farol, mas você acha que aquele motorista tem uma vida melhor que a sua.

> *Você acha que a vida do outro é melhor que a sua, pois atualmente temos uma glamourização da sociedade.*

É óbvio que as redes sociais tornaram isso muito mais forte. As pessoas vivem uma vida ficcional. É como se fosse um personagem que elas publicam nas redes sociais, que não necessariamente corresponde ao que acontece lá fora, na vida real.

Eu já cheguei a ver um casal brigando num restaurante japonês. Eles interromperam a briga, fizeram uma *selfie* sorrindo, publicaram e voltaram a brigar. Isso é o cúmulo da hipocrisia! Publicamente, trata-se de um casal feliz. Nesse ínterim, você pode estar diante do computador, triste, sozinho, numa sexta-feira, achando que tem o dedo podre, que nunca consegue ninguém que preste, ao acessar o *Instagram* e ver aquele casal sorrindo, diz: "Que vida miserável a minha!". Você se compara com o que não é verdade e não aprende que a felicidade não depende daquilo que o mundo nos propõe como felicidade.

Não há como negar que o desejo de felicidade está presente em todos nós. No entanto, o conceito de felicidade varia, não é uma forma na qual devamos no encaixar. Quando tentamos nos encaixar em modelos pré-estabelecidos de felicidade, o que realmente conseguimos é sermos infelizes.

Segundo esse modelo infantil e formatado, nós só seríamos felizes se e somente se: pudéssemos realizar todos os nossos desejos de consumo, sem limites; sermos aceitos sem reservas por todas as pessoas; nunca ouvir não e jamais ser criticado ou rejeitado, nada menos que isso, o amor e admiração de todos. Viu que é loucura total? Mas no fundo, esse é o modelo de felicidade que nos é apresentado. Quando não conseguimos qualquer desses itens o mundo cai em nossas cabeças.

Qual o resultado dessa receita? Ser feliz segundo esses critérios é IMPOSSÍVEL! Coloquei em caixa alta a palavra "impossível" para enfatizar mesmo. Jamais seremos felizes, em tempo algum, segundo esses critérios.

Racionalmente, você sabe que essa exigência é excessiva, mas emocionalmente muitos de nós, no fundo no fundo, quer tudo isso. Assim, eis o motivo de tanta dor e sofrimento porque temos expectativas exageradas que frustram todos os nossos relacionamentos e a nossa relação conosco mesmo.

> *Quando temos essa visão inconsciente de felicidade, vemos o mundo de forma maniqueísta, ou é ou não é, ou seja, ou há felicidade ou há infelicidade.*

Se as coisas saem como planejamos, beleza, vida linda, sou feliz. Mas se a menor coisa sai desse roteiro, nosso mundo desmorona.

Toda essa visão fantasiosa sobre nós e os outros nos leva a desenvolver transtornos de ordem emocional. Não é à toa que a depressão cresce e ganha contornos dramáticos em nossos dias.

Essa doença que já está sendo apontada como um dos maiores motivos de afastamento do trabalho, como também de separações e de grandes dificuldades na vida. Segundo a Organização Mundial de Saúde, em breve a depressão tomará conta de uma parcela significativa da sociedade humana.

Pensemos um pouco sobre a depressão. Existe uma diferença entre tristeza, angústia, saudade e depressão.

A depressão, de fato, é uma doença que nos desmotiva a viver. A pessoa deprimida não vê esperança, o mundo fica cinza. É diferente, por exemplo, quando alguém está de luto em virtude da perda de um ente querido.

No caso do luto, é natural que você fique triste e momentaneamente perca o interesse pela vida. O depressivo, às vezes, sente isso sem que haja motivação clara e específica. É o que se conhece como depressão endógena. Independentemente do que ocorre, mesmo que nada de negativo esteja acontecendo na vida da pessoa, ela apresenta desmotivação interna.

Há também a depressão exógena, que se verifica quando realmente se deu um evento que desencadeou uma grande tristeza e gerou uma depressão, como a perda do emprego, o fim do casamento ou a morte de um filho.

Portanto, quando pensamos nesse assunto, devemos ponderar que, por um lado, há naturais alternâncias de humor que fazem parte de dias tristes, de saudade e angústia, e, por outro lado, existe a depressão. Obviamente, se você identifica que em você, em alguém que você ama ou conhece esses dias têm ficado muito mais constantes, é hora de procurar um profissional para ajudar você ou a outra pessoa a sair dessa.

CAPÍTULO
QUATRO

Dono do próprio nariz

Você já ouviu a expressão "Eu sou dono do meu próprio nariz"? Ela faz algum sentido para você? Para mim, não. Sabe por quê? Porque não somos tão donos de nós mesmos quanto gostaríamos. Um verso de Fernando Pessoa afirma algo muito interessante: "Eu sou algo entre aquilo que eu quis ser e aquilo que fizeram de mim."[2] Ou seja,

---

2 **Começo a conhecer-me. Não existo.**
Por Álvaro de Campos, heterônimo de Fernando Pessoa

Começo a conhecer-me. Não existo.
Sou o intervalo entre o que desejo ser e os outros me fizeram, ou metade desse intervalo, porque também há vida...
Sou isso, enfim...
Apague a luz, feche a porta e deixe de ter barulhos de chinelos no corredor.
Fique eu no quarto só com o grande sossego de mim mesmo.
É um universo barato.
Disponível em: <http://www.citador.pt/poemas/comeco-a-conhecerme-nao-existo-alvaro-de-camposbrbheteronimo-de-fernando-pessoa>. Acesso em: 18 dez. 2017. Grifo da copidesque.

não sou só o que eu quero. Inclusive, se eu fosse só o que quero, seria também uma pessoa insuportável, intragável na convivência com os outros.

Por outro lado, também não é possível ser totalmente submisso ao que as outras pessoas querem. É necessário alcançar exatamente o equilíbrio entre essas duas forças: o mundo externo, que demanda para você expectativas, e o mundo interno, que vai gerar um ser equilibrado. Podemos, sim, começar a ser donos do nosso próprio nariz a partir do momento em que direcionamos como essas forças atuarão em nós – com mais ou menos intensidade. É o equilíbrio que sempre consta em nossas vidas, aquele que os romanos chamam *Virtus in medius est*, "a virtude está no meio", ou *in medius virtus*.

Nesse momento, somos capazes de perceber que muitas vezes é preciso ceder. Isso acontece com frequência num relacionamento. Às vezes, é necessário ceder para o outro; outras vezes, é o outro que precisa ceder para nós. Isso acontece no trabalho, enfim, em qualquer lugar.

Se você só fizer aquilo que quer, será uma pessoa que desagrada ao ambiente, pois você não tem a capacidade de ser companheiro, de construir um projeto coletivo; não sabe respeitar a opinião do outro ou perceber a contribuição daquilo que foi trazido pelo outro, porque acha que só você tem razão, e isso será ruim.

Ao mesmo tempo, se você for uma pessoa que está sempre em dúvida, daquelas que perguntam coisas do tipo "Eu estou bem assim?"; "Está legal a minha roupa?"; "Você gostou da minha ideia?", está demonstrando com isso fragilidade, além da falta de convicção sobre suas concepções interiores.

Enfim, para talvez sermos "donos" do nosso próprio nariz, devemos conjugar essas duas forças. Pressões externas, familiares, de trabalho, do ambiente afetivo, além de nossas demandas internas, pois somente assim é possível conjugar a vida em cooperação com as pessoas no coletivo. Jamais podemos viver no mundo do "eu sozinho". Nem o Pequeno Príncipe vivia só. Ele tinha uma Flor e uma Raposa.

Nós vivemos num coletivo, com os outros. Somos o resultado de muitas pessoas. Por isso, nunca seremos literalmente donos do nosso próprio nariz. Isso é uma fantasia.

> *Achar que se é dono do próprio nariz e menosprezar a contribuição dos demais é tão fantasioso e ineficiente quanto querer ver só o lado bom da vida.*

Quantas vezes já disseram para você "pensar positivo". Não prestar atenção ao lado ruim da vida. Veja só o lado bom das coisas. Bem, na verdade, isso pode ser perigoso. Ver um mundo cor-de-rosa pode representar perigo. Aliás, graças aos nossos ancestrais não agirem assim, a nossa civilização conseguiu chegar até aqui.

A verdade é que vários estudos recentes demonstram que o pensamento negativo é provavelmente o fator mais preponderante para os humanos sobreviverem como uma espécie. Isso aconteceu porque nossos ancestrais sempre estavam alerta para os muitos perigos que os cercavam, e por isso mesmo foram mais aptos a sobreviver e transmitir seus genes. Isso não é uma defesa do pensamento negativo, mas um alerta para o equilíbrio que deve pautar a nossa vida.

É importante reconhecer que existem problemas e perigos, fixar-se nisso é que torna nossa vida infeliz, pois estudos também mostram que uma visão negativa da vida pode prejudicar nossa saúde. Esses estudos comprovam que o pensamento negativo e a autoculpa podem ser o principal desencadeador de muitos problemas de saúde mental.

Assim temos por conclusão que pensar positivo não necessariamente nos torna mais felizes, pelo menos nos torna mais saudáveis.

E existe um motivo para, mesmo não ignorando o lado ruim da vida, conseguir extrair lições dos momentos difíceis de nossa existência. Procurar os aspectos positivos em uma situação negativa pode mudar completamente a sua perspectiva sobre a situação em questão, dando a ela o real impacto que ela teve em sua vida, sem exagerar ou subestimar a situação, bem como observar o crescimento que veio depois do evento, bem como o fortalecimento pessoal e as relações que essa experiência dolorosa lhe trouxe. Veja o quanto isso é diferente de ter uma visão simplista e cor-de-rosa da vida.

Ser dono do próprio nariz, então, seria entender esse equilíbrio, o que nos possibilita aceitar o lado bom e o lado ruim da vida. Acredite, sabemos o quanto é difícil aceitar o fracasso, mas não estranhe também o fato de que muitos têm dificuldade de conviver com o sucesso. Veremos isso no próximo capítulo.

CAPÍTULO

CINCO

Sucesso sem medo

* * *

Desde os gregos, a ética é baseada em um conjunto de valores morais, que devem ser absolutos, ou seja, eles devem nos nortear a tal ponto que não abrimos mão deles, mesmo que queiramos racionalizar nossas ações, criando justificativas aparentemente aceitáveis, para atitudes inaceitáveis. Desse modo, essa ética nos norteará para além de nossas fraquezas humanas ou de nossas falhas pessoais.

Quando todos cederem ao desvio, lhe convidando e até mesmo tentando lhe impor condutas equivocadas, você buscará esses valores fundamentais para orientar e reforçar suas convicções.

A maioria de nós enfrenta dilemas éticos e morais diariamente, especialmente quando se relaciona com alguns agentes públicos que optam pela corrupção e fazem de sua posição, no órgão público ao qual pertencem, uma trincheira para criar dificuldades e vender facilidades. Quando você precisa dessas pessoas, e percebe o jogo sujo e as dificuldades criadas para seu negócio, muitas vezes sente-se vulnerável a sucumbir à tentação de encontrar um atalho para chegar onde você quer, dizendo para si que não há alternativas.

Por esse exemplo banal que acabei de demonstrar, percebemos que infelizmente a vida não é tão fácil, e muitas vezes podemos não ter certeza de quais valores são inquestionáveis. Para dirimir nossas dúvidas, sabemos que o teste real desses valores vem quando percebemos o resultado de nossas ações sobre os outros ou a sociedade, de modo que se houver o menor prejuízo para os demais ou para o coletivo, certamente estamos diante de uma atitude desprovida de valores éticos.

Por isso mesmo, não iremos encontrar ética em manuais corporativos ou em livros de filosofia, mas apenas no exemplo pessoal. A ética é esse aspecto intangível que deve se tornar nossa marca pessoal, de tal modo que devemos ser percebidos como alguém cujas atitudes impactam a todos os demais de modo positivo. Por isso, não pode haver comprometimento quando se trata de ética, e não há atalhos fáceis para o sucesso.

A grande questão então é: Seria possível vencer profissionalmente ou alcançar o sucesso sem se comprometer eticamente? Tem tanta gente que acha isso impossível que tem medo do sucesso pelo simples fato de associá-lo à culpa.

Para essas pessoas só é possível ter sucesso sem ética, passando por cima das pessoas, jogando o jogo sujo e não medindo consequências para chegar lá. Mas, isso também é um mito. É possível, sim, ter sucesso sem culpa. Isso ocorre quando você começa a pautar sua vida norteada através da inabalável convicção de que pode conquistar seus espaços mantendo os seus valores.

Sim, nós podemos ser tecnicamente capazes, competentes, dotados de um bom padrão de conhecimentos dentro da área que dominamos, e nem por isso ter de passar por cima dos outros, atropelar as circunstâncias ou as pessoas. É possível, sim. Especialmente em nosso país, cuja crise ética tem nos chamado a reavaliar não somente o cenário político, mas também a sociedade, o nosso cotidiano, os nossos gestos de cidadão brasileiro. Nós podemos e devemos aproveitar esse momento para dar uma guinada ética, para que possamos mostrar que é possível, sim, agir no mundo com competência, dando o nosso melhor e sendo uma pessoa humana, com compromisso social, com responsabilidade sobre o que fazemos e como a nossa vida influencia a vida dos outros.

Na verdade, a sociedade está no caos porque apostamos no modelo predatório segundo o qual, para vencer, seria necessário derrubar as outras pessoas. Isso está se esgotando.

Agora é o momento em que devemos dar o nosso melhor, sendo competentes naquilo que fazemos, dominando o conhecimento daquilo que buscamos, não importa a profissão que desempenhemos. É crucial que sejamos capazes de agir no mundo usando nossa competência intelectual, mas, sobretudo, mantendo elevados os nossos padrões morais.

Sucesso sem culpa é quando você consegue dar o seu melhor no mundo mantendo os seus padrões. Padrões que você aprendeu em casa, nas suas expressões de fé, não importa. Se você não os têm, procure, porque, na verdade, nós estamos entrando em um novo tempo, em que finalmente será moda ser bom, ético, decente e competente.

CAPÍTULO

SEIS

Medo também é bom!

* * *

Sempre que nós lidamos com o medo, perguntamo-nos: Até que ponto ele é sadio e quando se torna patológico? Existiriam pessoas que nunca têm medo? Seria prudente jamais ter medo de nada? O medo é um sentimento importante de se ter. A questão não se restringe a ter ou não ter medo, mas à intensidade do medo em sua vida.

Se você não tem medo de atravessar a rua, pode ser atropelado. Se você não tem medo do fogo, pode se queimar. O medo nos dá prudência. Até aí, ele é saudável, desejável e necessário. Se passar disso, pode ser paralisante, desestimulante, afetar a autoestima e fazer com que você não dê à vida e a si mesmo todo o potencial que você tem. A partir daí, faz-se necessário pensar como traçar estratégias para vencer o medo.

Importante: você deve assumir que tem medo. Não tenha medo de ter medo, pois as pessoas ficam querendo ser mais fortes do que realmente são e se colocam em situações de risco ou vexatórias. Eu, por exemplo, tenho medo de altura. Às vezes, chego ao parapeito de um prédio e não sinto uma sensação confortável ao olhar para baixo. Então, eu evito ficar olhando o parapeito, afinal eu não vivo disso, não faço parapente, não pulo de paraquedas. Não se trata de um medo que requeira de mim o autodesafio e, continuar tendo ele, não irá atrapalhar minha vida ou o meu desempenho profissional.

No entanto, tive medo de voar. Bem, como eu vivo viajando, se eu mantivesse esse medo, seria uma tortura para mim e impactaria demais na minha profissão. Então, foi preciso trabalhar em mim o medo de avião. A primeira coisa que fiz em relação ao medo de avião foi assumir o fato de que eu não controlo o avião. Não controlo a gravidade; não sou o piloto. Nesse caso, o meu medo, o meu pânico e o meu susto não farão com que o avião voe melhor ou pior.

É quando você entende que em muitos momentos da vida é preciso se entregar.

Você não controla todas as variáveis de todas as coisas. Então, assumir que você tem medo é muito importante. Uma das estratégias para justamente combater um medo específico, que no meu caso, era o medo de avião, é o que chamamos de exposição gradativa. Trata-se de se aproximar aos poucos daquilo que provoca medo.

Suponhamos que você tenha um medo terrível de barata. Obviamente, trata-se de um ser estranho e bastante repugnante. A primeira coisa que você poderia fazer seria assistir a vídeos sobre baratas na Internet, algo controlável. Comprar uma baratinha de plástico para ficar olhando para ela; colocá-la sobre você, para sentir sua textura, o que, claro, vai ser horrível e dar arrepios. Contudo, gradativamente, essas ações vão aproximando você de algo que lhe causa uma fobia, um grande medo.

Prática semelhante pode ser aplicada em relação ao medo de falar em público. Você pode fazer uma apresentação só para você mesmo diante do espelho. Perceberá que seu coração palpitará e você ficará angustiado, pois só a ideia de falar em público, mesmo que não haja público, vai angustiá-lo. Depois, você pode colocar no computador uma tela com muitas pessoas olhando. Há vídeos no *YouTube* mostrando várias pessoas em um auditório olhando para você, para estimulá-lo a falar não mais para si, mas para uma plateia que o observa. É virtual, mas você está se expondo. Vencida esta etapa, você pode convidar um parente, um amigo, e começar a falar para ele. Desse modo, gradativamente você vai se aproximando daquilo que lhe provoca medo.

Outra coisa que pode ajudá-lo muito é se inspirar em pessoas que não têm medo daquilo que você teme. Digamos que você tenha um amigo que não tem medo de praticar esportes radicais. Observe como ele lida com esses esportes, o que ele faz, quais são os seus rituais, o que ele pensa, o que ele imagina. Ou, por outro lado, você pode observar alguém que faz alguma coisa que você admira, mas teme. Você começa a conversar com essa pessoa, perguntar se ela já passou pela experiência de sentir medo daquela coisa específica. Isso se chama modelagem, o ato de se pautar em um modelo para, através dele, conseguir a superação daquilo que se teme.

Algo que as pessoas que têm medo, bem como aquelas que sofrem de certos distúrbios emocionais fazem, e que as atrapalha sobremaneira, é nutrir um diálogo interno muito intenso.

Significa conversar demais consigo mesmo, perguntando trinta mil vezes se vai ou não fazer determinada coisa. Isso por si só já consome tanto tempo e energia, e gera tanta angústia, que desestimula qualquer atitude, a menor tentativa. Então, é importante cessar o diálogo interno. Você vai fazer e pronto. Não adianta ficar se questionando, pois isso apenas reforça o medo.

Das muitas vezes que você achou que o seu projeto daria errado, quantas vezes deu de fato? Quantas vezes foi apenas um pensamento em que você acreditou? Você pensou "não vai dar certo comigo" e, na verdade, não aconteceu. Não acredite no que você pensa. Nem sempre o que você pensa é o que vai acontecer. Pode ser apenas fruto de um sentimento de medo, ou, às vezes, de uma infância em que você foi desestimulado, ouvindo constantemente que era incapaz e que os outros eram melhores que você. Certamente, esse discurso leva muita gente a desenvolver o sentimento "menosprezar as próprias competências", acreditando que somente os outros são capazes. Mentira! Esqueça. Não tenha medo de ter medo. E não tenha medo, sobretudo, de superar o medo.

CAPÍTULO
SETE

O mundo está melhorando ou piorando?

* * *

Você já teve a curiosidade de se perguntar se o mundo está melhorando ou piorando? Às vezes, quando assistimos aos noticiários ou observamos informações que nos chegam através das redes sociais, temos a impressão de que o mundo está piorando. A sensação é de que houve um aumento da guerra, da violência, do desrespeito e da intolerância religiosa.

Enfim, eu também pensava sobre essas questões. Comecei a tentar observá-las além do que a mídia veicula para que pudesse analisá-las de uma forma mais serena. Recebi o e-mail de um amigo, que dizia: "Rossandro, se você tiver paciência, eu gostaria de indicar um livro para você ler". Eu me perguntei: "Por que será que ele me pediu paciência?". Depois que comprei o livro, eu percebi o porquê: são quase duas mil páginas! Trata-se do livro *Os anjos bons da nossa natureza: por que a violência diminuiu.*

Falo muito desse livro nas minhas palestras, e as pessoas me fazem perguntas sobre ele. É um livro publicado pela editora Companhia das Letras, escrito por um psicólogo canadense chamado Steven Pinker e recomendado por Bill Gates, pelas revistas *The Economist*, *The Guardian* e pelo *The New York Times* como um livro que não se pode deixar de ler.

Nesse livro, o autor faz uma análise histórica profunda dos indicadores de violência tendo por base um período de dez mil anos. Ele lançou a seguinte pergunta para pesquisadores de universidades do mundo inteiro: "O mundo melhora ou piora?"

Depois de décadas de análise, Pinker chegou à conclusão, através de um intenso aparato estatístico, de que o mundo só melhora, apesar da nossa sensação de que é exatamente o contrário. No entanto, o autor explica de onde vem essa sensação.

Primeiramente, o que dá ibope? Notícias ruins. O que acontece com os noticiários às segundas-feiras?

Eles cobrem todas as pessoas que foram assassinadas, os crimes violentos, os assaltos que ocorreram durante o final de semana. Ninguém vai noticiar que, nesse mesmo final de semana, pessoas foram distribuir sopa para moradores de rua; aos asilos, para visitar idosos; aos hospitais, para cantar para os doentes; pessoas que estão querendo um mundo melhor.

Tudo depende de que modo queremos enxergar o mundo, defende o autor. Se recortarmos apenas as más notícias veremos um mundo deprimente, genocida, com terrorismo *como um período que, pelos padrões da história, é abençoado com níveis sem precedentes de coexistência pacífica.*

Na verdade, existe um ibope para o mal. As pessoas têm a tendência a observar e a dar mais ênfase àquilo que é ruim. Vou dar um exemplo que você entenderá bem em sua vida: você vai trabalhar na segunda-feira. Há cinquenta pessoas no ambiente de trabalho, ou dez, ou vinte, enfim. Porém, existe uma pessoa com quem você não simpatiza por ter tido um conflito com ela. De quem você está se lembrando no domingo à noite? Daquela pessoa chata. Apesar de haver várias pessoas legais no ambiente de trabalho, você vai se concentrar exatamente naquele seu desafeto. Assim é a vida.

Nós damos ênfase muito grande ao mal. Quando observamos o caso de uma filha que mata a própria mãe ou um pai que mata a própria filha e nos chocamos, concebendo isso como baixeza, nós devemos perceber que finalmente nos espantamos com algo que no passado era natural. Mulheres e crianças eram abusadas, violentadas sem indignação de quase ninguém. Hoje, existe o conselho do direito das mulheres, dos idosos, das crianças. Existe uma sociedade que age. Existe o espanto, que revela evolução.

Portanto, não nos fixemos apenas nas notícias ruins. Não amanheçamos numa segunda-feira ouvindo tudo de ruim que aconteceu nas grandes cidades. Vamos tentar ver e ser aquele que age em prol de um mundo melhor. Vamos tentar ir além, construindo novas perspectivas, acreditando na esperança, sendo um agente da construção da paz.

CAPÍTULO
OITO

QUANDO ALGUÉM QUE AMAMOS ADOECE

* * *

Você já deve ter ouvido essa frase: na tristeza e na alegria, na saúde e na doença. Isso é a vida. A vida a dois, a vida em família. Quando alguém que amamos adoece, é impossível não adoecer também. Mas é possível determinar até que ponto você vai acompanhar essa pessoa.

Não podemos sentir culpa por não conseguirmos tirar a pessoa de uma tristeza profunda, de uma depressão ou de uma doença. Com frequência, ela não espera que você a cure, mas apenas que esteja ao seu lado, que a compreenda. Às vezes, ela deseja inclusive que você permaneça em silêncio, sobretudo quando não souber o que dizer.

Por outro lado, a vida de quem está bem precisa seguir em frente. Você deve continuar trabalhando e dar o seu melhor. Sei que se trata de um equilíbrio difícil, mas é necessário cuidar de quem está doente e viver a própria vida. É importante parar de querer resolver o problema da pessoa, pois muitas vezes a decisão depende dela mesma. Isso só vem com o tempo. Cada um sabe os recursos de que dispõe para conseguir chegar lá.

Na vida, passaremos por muitos momentos em que as pessoas que amamos adoecerão, terão perdas e se entristecerão. Isso também acontecerá conosco.

> *Em um determinado momento, consolamos alguém e lhe estendemos a mão. Em outro, somos nós que pedimos que alguém segure a nossa mão e nos levante.*

É nesse ciclo de vida que se evidencia a existência do amor nessas relações, não apenas interesse. Além disso, constatamos que a relação usufrui dos bons momentos, mas também suporta os momentos de dificuldade. Esses eventos põem a relação à prova, tornando-a mais sólida e mais capaz. Afinal de contas, a vida é inexoravelmente um espaço onde ocorrerão dores e alegrias, simultânea ou alternadamente.

Temos de estar preparados para este momento em que estendemos a mão ou solicitamos ajuda. Quando é o caso de necessitar, é preciso abrir mão do orgulho e ter humildade para pedir ajuda. E quando estendemos a mão, é igualmente necessário renunciar ao orgulho para não acharmos que somos o deus que salvará aquela pessoa.

Portanto, na vida, estamos sempre dispostos a juntos construir um relacionamento baseado nessa multifacetada gama de emoções que nos caracteriza. Somos seres humanos capazes, sim, de finalmente suportar a alegria e a tristeza; a saúde e a doença.

Bem, como tudo tem limites, e depende de nossa capacidade pessoal para cada evento, será que em nome do amor devemos suportar tudo?

Você já se perguntou se o amor suporta tudo? Já ouviu falar sobre amor sacrificial?

Pense, por exemplo, numa mãe que tem um filho trabalhoso, usuário de drogas e que se recusa a deixar a casa. Ela não consegue fazer com que ele cresça por achar que tem de suportar as atitudes do filho até o fim da vida, porque isso seria uma prova de amor. Será que não foi exatamente por ela acreditar nisso é que a criança de ontem hoje é um adulto fragilizado e se tornou incapaz de assumir a própria vida?

Será que em algum momento amar não significa também deixar o outro ir e deixá-lo pagar por suas escolhas? Isso vale para o casamento, a educação dos filhos, o emprego e até para nós mesmos. Há momentos em que precisamos simplesmente ousar e ir.

Com frequência, julgamos que amar significa (super) proteger ou não abandonar e ficar suportando coisas insuportáveis. Não somos um terreno baldio para que as pessoas venham jogar o lixo afetivo delas em nós. Chega um momento em que é preciso deixar de pagar pelos erros dos outros e assumir que, em muitas ocasiões, o amor próprio exige de nós abandonar a condição de vítimas.

Amar ao próximo como a si mesmo significa primeiramente se amar, ter dignidade no relacionamento e não se submeter a circunstâncias deploráveis, acreditando ser por amor, pois amor que destrói nunca foi amor.

CAPÍTULO

NOVE

70 VEZES 7 É SINÔNIMO DE CASAMENTO

* * *

É muito comum que o casamento entre em crise. Enfrentamos momentos difíceis. Nós sabemos disso. Momentos em que os lares e os casamentos estão sendo atacados, momentos em que vacilamos. Então, cabe entender que, certamente, quando o apóstolo Pedro perguntou a Jesus: "É preciso perdoar quantas vezes?"[3], ele estava falando sobre casamento. Eu não tenho dúvida. Para

---

[3] "Então, Pedro aproximou-se de Jesus e perguntou: 'Senhor, quantas vezes deverei perdoar a meu irmão quando ele pecar contra mim? Até sete vezes?'. Jesus respondeu: 'Eu digo a você: Não até sete, mas até setenta vezes sete' (Mateus, 18:21-22). Disponível em:
<https://www.bibliaon.com/versiculo/mateus_18_21-22/>. Acesso em: 18 dez. 2017.

permanecer casado, é setenta vezes sete em um mês. E olha que ainda fica um débito. É como cartão de crédito: você paga o mínimo e fica rolando a dívida.

Se nós não tivermos a capacidade de perdoar, é muito difícil manter o casamento. No meu livro *As cinco faces do perdão*, trago cinco histórias de perdão no lar, com toda uma narrativa permitida pelos pacientes e salvaguardado o anonimato necessário, para que pudéssemos entender a força do perdão. Afinal, todos nós somos capazes de cair e de vacilar.

É impressionante como o casamento ascende a outro nível quando oportunizamos o perdão. Isso acontece porque se você é capaz de superar e perdoar, o casamento passa a um patamar de muito mais valor, intimidade e crescimento, pois nos aceitamos para além da fantasia inicial que nos uniu, nos aceitamos com nossos defeitos e com nossa vulnerabilidade.

O valor do perdão nos relacionamentos já é fruto de diversas pesquisas, e elas concluem que o perdão se constitui num dos fatores que mais contribuem para uma relação saudável. Vários estudos demonstraram que os casais que praticam perdão são mais propensos a desfrutar de relacionamentos românticos mais longos e satisfatórios.

É por essa razão que o perdão é considerado componente chave para um relacionamento saudável, afinal de contas, casamos com pessoas imperfeitas e somos imperfeitos, logo o perdão é uma necessidade diária.

Uma ressalva aqui se faz necessária. Quando desenvolvemos essa compreensão, sobre a necessidade do perdão, não significa que devemos suportar abusos de nenhum tipo: moral, físico ou emocional.

Quando olhamos para um estudo publicado no *Journal of Family Psychology*, que versa sobre a questão "Perdão e a Satisfação de Relacionamento", percebemos o quanto se torna difícil a resolução de conflitos comuns na vida de um casal quando o perdão não faz parte da rotina, uma vez que a falta de perdão suscita emoções negativas e cria ainda mais conflitos.

Nos casais em que não há prática do perdão, o estudo mostrou que esses são mais propensos à vingança e atitudes mesquinhas, e têm pouca capacidade de se comprometer na relação ou de ajudar na resolução de conflitos.

Com frequência, as pessoas chegam ao meu consultório e dizem:

– Eu vim aqui para você me ajudar a me separar.

E eu respondo:

– Não. Primeiramente, eu vou ajudá-lo(a) a se manter casado(a).

E a pessoa retruca:

– Ah, você não sabe com quem é que eu estou casado(a).

– Não se preocupe, eu imagino.

Todo mundo é difícil. Você acha que lá fora existe um monte de gente equilibrada e isenta esperando para se casar de novo? É um desespero!

Um amigo pessoal meu, certa vez, chegou revoltado, dizendo que não aguentava mais e ia se separar da esposa. Escutei todas as suas reclamações. Era época de festas juninas e haveria show de uma banda famosa na época. Eu o aconselhei assim:

– Faz o seguinte: você está com um casal de amigos aí?

– Estou.

– Leve os dois para o show amanhã.

– Por quê?

– Apenas deixe sua esposa em casa e os acompanhe.

– Mas por quê?

– Eu queria só que você fizesse isso. Eu não vou lhe dizer nada, não vou discursar nem argumentar. Você já sabe como eu penso. Vá para o show.

Ele seguiu o meu conselho. Na manhã seguinte, ele me ligou e disse:

– Mas você é muito sacana mesmo, né?

– Por quê?

– Você sabia o que ia acontecer, não sabia?

– Sabia, sim. E aí, percebeu?

– Meu Deus! Eu tenho que ficar no meu casamento. O mundo está perdido! Que povo louco era aquele?!

– Era o que estava lhe esperando lá fora, meu amigo. Uma loucura, uma carência, um desespero. Invista no que você tem! Aprenda a perdoar. Deixe de pensar que as pessoas são perfeitas. Aceite como se é.

Só conseguimos ter um casamento feliz, uma vida feliz e sem fantasias quando aceitamos nossas imperfeições e não ficamos olhando para a imperfeição do outro.

Quando deixamos de acusar o nosso companheiro ou companheira, independentemente de uma orientação sexual, deixamos de colocar o amor na dependência de o outro ter a mesma religião, torcer para o mesmo time de futebol ou compartilhar do mesmo gosto musical. Torna-se possível conviver "apesar de". Apesar dos defeitos e das dificuldades, eu quero ficar com você, pois estamos construindo algo muito fabuloso.

É claro, que estou aqui falando de uma traição pontual, de um vacilo, e não de uma sequência de engano e desrespeito. De abandono e humilhação. Nesse caso não há sentido em suportar tanto desamor.

Mas, mesmo assim, se você quiser ficar numa relação afetiva tão destrutiva, sua decisão deve ser respeitada, pois pode ser que, no seu caso, a dor e o peso de uma separação sejam mais angustiantes do que as traições constantes. Só não espere que as pessoas lhe compreendam.

Somente com a capacidade de perdoar conseguimos quebrar um ciclo comum em vários casais, quando os conflitos ficam frequentes e nenhum dos dois, e sobretudo os filhos, saem ganhando, só há prejuízos. Aliás, muito comumente, aquele que não perdoa termina sendo o maior prejudicado e pagando o preço mais alto por todo o conflito.

CAPÍTULO
DEZ

COM A SOGRA E COM AFETO?

* * *

Marido, sogra, esposa. Esposa, sogra, marido. É uma relação muitas vezes difícil. Nossa tendência é partir para o conflito, se afastar, não frequentar a casa um do outro. Mas é importante perceber o seguinte: é impossível afastar alguém de uma pessoa que ele ou ela ama. É infernal para a esposa quando seu marido lhe diz: "Olha, eu amo você, mas detesto sua mãe", ou vice-versa. É importante, ao contrário, que essa pessoa não seja excluída, mas trazida para o convívio familiar.

Você pode contra-argumentar, dizendo: "Mas ela é uma pessoa tão difícil! Quando chega à minha casa, ela provoca um inferno". Sim, às vezes, as sogras são assim. Elas, na verdade, são carentes. Não querem perder o filho ou a filha por verem a nora ou o genro como um adversário, um usurpador, e com isso entram num processo de disputa. Contudo, você pode escolher não disputar.

Você pode perceber o seguinte: se você se apaixonou por aquela pessoa, se a ama, não há como não reconhecer: ela é resultado daquela mãe. Então, aquela mãe pode ter defeitos, pode ser difícil, mas não é de todo má. É preciso que aprendamos a nos relacionar com o lado bom das pessoas. Há pessoas que são muito difíceis, e eu entendo que por vezes seja necessário até mesmo um certo afastamento. Num determinado momento, é preciso inclusive não frequentar a casa do outro na tentativa de estabelecer uma relação respeitosa.

Durante um determinado período de tempo, é normal e até compreensível que você não frequente a casa da sogra ou que ela não frequente a sua casa. Mas, não é o desejável. Sabe por quê? Porque se trata de uma pessoa muito importante para ser excluída do relacionamento, do campo afetivo. Todas as pessoas precisam ser incluídas.

Às vezes, o que está faltando é um pouco de diálogo, a capacidade de perceber o que a pessoa está manifestando através da agressividade, da tentativa de manipulação, de mandar em sua casa.

Enfim, durante algum tempo, você pode até se afastar. Mas, depois, terá de conviver. E essa convivência é importante, pois somos frutos desses amores todos, e é tão ruim que, para que eu esteja na vida de alguém, eu tenha de excluir esse alguém da vida de uma outra pessoa.

A relação com a sogra com frequência não é fácil. Ela pode ser uma pessoa difícil, manipuladora.

Mesmo assim, precisamos lançar mão dos recursos emocionais que estão à nossa disposição para criar um campo harmônico na família. Se você escolher se afastar o tempo inteiro daquela pessoa que para você é um desafio ou não frequentar festas, não ir a aniversários, isso vai criando uma fissura no casamento e torna a relação muito pesada.

É importante que consigamos não nos afastar, mas conciliar. Qual o problema disso? Não existe uma receita a ser seguida. Eu não posso dizer, no seu caso específico, o que você deve fazer. Você é quem conhece a sua sogra; quem conhece o seu marido ou esposa; você é quem conhece a sua nora ou genro. Cada um de vocês tem de parar e pensar: "Puxa, eu preciso ser um agente que agregue, não que afaste". Às vezes, a sogra se torna uma pessoa tão insuportável que acaba perdendo o próprio filho ou filha, que se afasta ao passo que percebe o quando ela agride o seu cônjuge.

Em casos como esse, as pessoas envolvidas não conseguem compreender que esses amores não concorrem. Muito pelo contrário, eles podem estar juntos para a construção de uma família que não é competitiva, mas que se amplia com a chegada de uma nora ou de um genro, para que esse amor, que começou com os filhos, possa continuar com os netos.

Quais os motivos de os pais de nossos amores nem sempre gostarem de nós?

Pense um pouco, o que te atraiu na pessoa com quem você casou? Carisma? Beleza? Senso de humor? Tudo isso junto? Bem, é importante pensar que esses não são os critérios que nossos pais usam para escolher alguém que eles julguem bons o suficiente para casar conosco. Os critérios de nossos pais são outros.

Embora eles também queiram um pessoa com boa aparência e bom humor, outros critérios entram em cena: como é a família dessa pessoa, quais suas perspectivas profissionais e até mesmo sua religião conta na hora de dar uma nota. Aí nasce uma profunda tensão, pois como os pais analisam critérios diferentes dos nossos, o que para o casal é suficiente e promessa de amor perpétuo, para os pais é "certeza" de que dará errado, de modo que há uma aversão inicial que só o tempo supera.

Há no fundo de tudo isso um medo de exclusão, de que o genro ou a nora exclua a sogra e muitas, inconscientemente, travam uma guerra que termina por gerar mais conflitos e afastamentos do que proximidades.

Mas, como superar essas dificuldades? Quando você mostra o quanto você se preocupa e cuida de seu esposo, esposa ou companheiro(a), mas você tem chances de convencer os pais de que você é bom. Agora, se você fez e faz tudo que pode para diminuir o conflito e não encontra aceitação, o casamento deve sempre estar em primeiro lugar e deve receber apoio do cônjuge, ou dar apoio, caso seja ele(a) a vítima, isso porque os indivíduos que se sentem apoiados por seus cônjuges, nos seus conflitos com os sogros, vivem casamentos mais satisfatórios e duradouros.

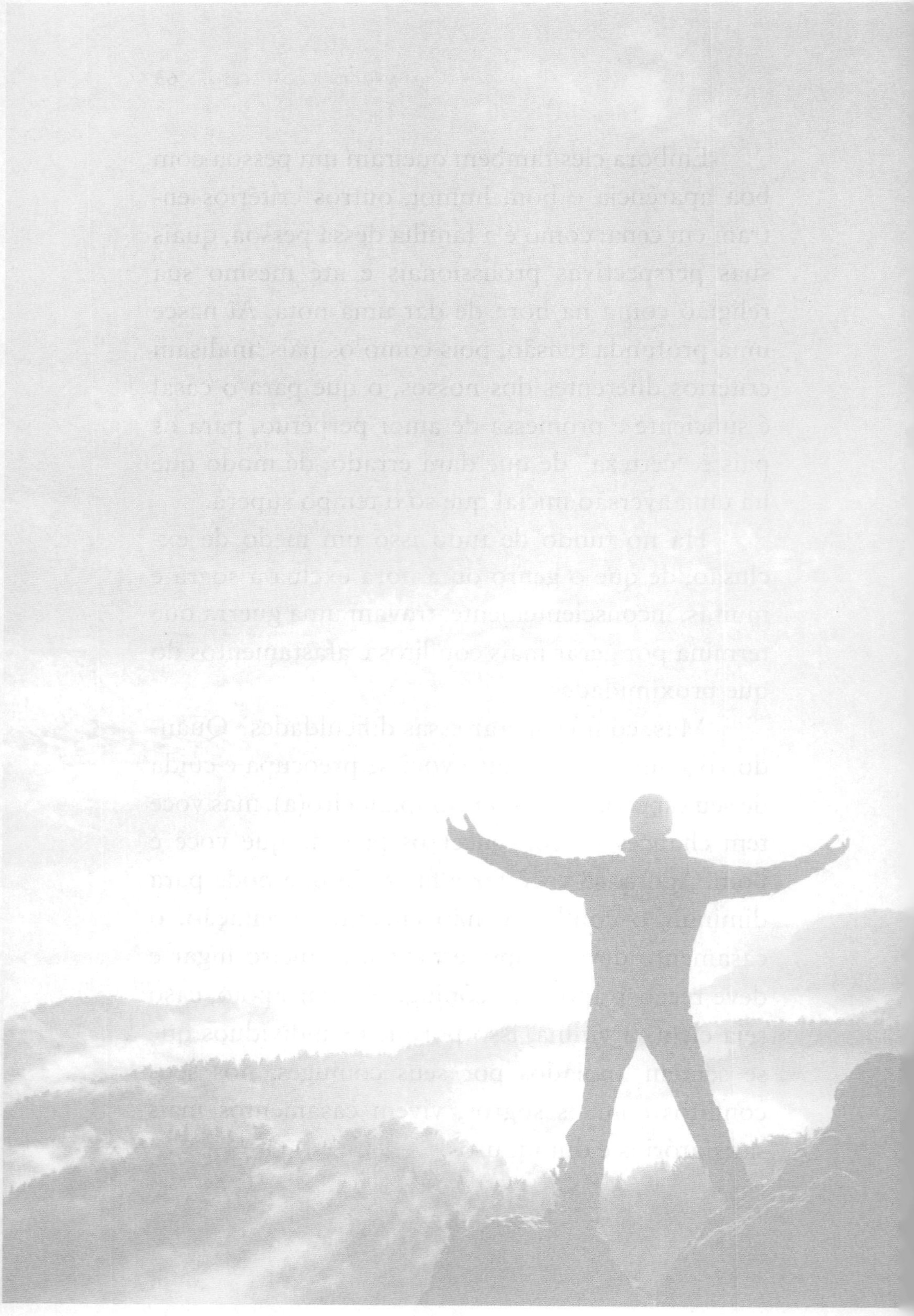

CAPÍTULO
ONZE

A FELICIDADE NA *SELFIE* X A FELICIDADE DA REALIDADE

* * *

Lembra daquela história que eu contei do casal no restaurante japonês que interrompeu uma briga, tirou uma *selfie* sorrindo e depois voltou a brigar? Pois é. Isso evoca uma reflexão muito necessária hoje, pois envolve a construção social de uma falsa noção de felicidade.

Por meio da *selfie*, que é uma nova possibilidade de autorrepresentação gerada pelos *smartphones*, ao proporcionar à pessoa a chance de tirar fotos de si mesma sem necessitar da ajuda e, consequentemente, do olhar de terceiros, o indivíduo é capaz de criar um personagem que vive uma realidade alternativa. Afinal, ninguém vai saber se aquele sorriso naquele ambiente bonito realmente reflete um estado interior ou se é apenas uma criação mental, teatral mesmo, a depender das reais circunstâncias que se apresentam e que não estão ao alcance de quem vê aquela fotografia.

No caso desse casal, ao menos publicamente, ele era feliz. A pessoa que está solitária e desiludida com a própria capacidade de encontrar um bom parceiro para compartilhar a vida não terá acesso aos bastidores da história, que trazem a realidade do conflito natural e inerente em determinados momentos da vida e da própria convivência a dois. Ela apenas verá a fotografia de um momento (forjado) de felicidade. E com isso poderá facilmente chegar à triste conclusão de que tem uma vida miserável.

> *As mídias sociais têm se mostrado um terreno fértil para a comparação social, especialmente ao que as ciências do comportamento humano nomeiam de "comparação social ascendente."*

Nesse tipo de comparação, as pessoas sentem que as vidas dos outros são melhores do que as suas. Esse sentimento é reforçado pelo simples fato de as postagens nas redes sociais tenderem a demonstrar os momentos positivos e felizes às pessoas, com frequência bem maior que os momentos difíceis pelos quais todos passamos.

Dificilmente seu cunhado irá postar a louça do fim de semana por lavar e o tédio dos programas dominicais, mas o churrasco com os amigos serão motivos de *stories* e vários *selfies*.

Essa enxurrada de fotos e postagens de vidas felizes, desfilando em nossas *timelines*, leva-nos a um sentimento de impotência e de vida sem graça. Nossa vida fica monótona e pobre, em todos os sentidos, comparando-se com as demais postadas nas redes sociais.

Essa sensação é mais cruel naquelas pessoas que se comparam com mais frequência, pois são mais suscetíveis a sofrer os efeitos provocados por publicações de excessiva felicidade, o que causa uma onda de inveja, gerando mais angústia, pois você começa a invejar pessoas que você gosta, e esse sentimento leva à culpa ou a relações falsas a comentários sarcásticos.

Ao se apegar aos modelos que o mundo considera como os mais adequados para se encontrar a felicidade, você apenas está condicionando este estado de espírito a fórmulas que podem até ser consagradas, mas que, na verdade, não correspondem a uma experiência verdadeira.

Outro fenômeno alimentado pelas mídias sociais é o *Fear of missing out* (FoMO ou medo de perder, de estar fora, numa tradução livre). É uma falsa sensação de que as pessoas estão em experiências incríveis e você não está participando delas. E para ter uma "certeza" de que você não irá ficar de fora, você aumenta o seu desejo de estar conectado nas redes sociais para ver o que os outros estão fazendo o tempo todo. Desse modo podemos também dizer que FoMO é um medo de arrependimento. Esse medo acaba levando a uma excessiva preocupação de perder eventos sociais, informações, dentre outras coisas.

Não é de se espantar, portanto, que as pessoas mais propensas a verificar compulsivamente as mídias sociais, seja dirigindo o carro, enquanto trabalha, ou estudam, ou até mesmo andando na rua, são as que experimentam níveis elevados de *Fear of missing out* FoMO, medo de perder ou medo de ficar de fora.

Conectar-se a quem está próximo e de forma leve e simples tem se revelado algo muito salutar na vida das pessoas. Desconectar-se do virtual para conectar-se ao real.

Atualmente, muitas pesquisas na área da neurologia e do comportamento humano mostram, por exemplo, que uma noite em uma mesa tomando café e comendo tapioca, na companhia de amigos que você gosta muito, gera uma compensação psicológica e emocional maior do que comprar um carro novo.

Sabe por quê? Porque nunca são as coisas que nos deixam mais ou menos felizes. Sempre são pessoas. Quando ouvimos falar em mágoa, tem a ver com pessoas. O mesmo se dá com o perdão e o ressentimento. No entanto, a sociedade precisa nos dizer que a felicidade corresponde àquilo que nós construímos ou podemos comprar.

Um dos motivos da depressão coletiva no Brasil é que deixamos de ir ao shopping center por conta da crise econômica que assolou o nosso país. Como não está dando nem para pagar a feira, comprar roupa não rola! Ver filme, comprar pipoca, idem. Nesse caso, precisamos ficar em casa mesmo.

Tenho observado, porém, que as pessoas estão se apoiando mais. Não estou afirmando que precisamos ficar em crise; longe disso! Apenas estou dizendo que essas crises nos obrigam a lançar o olhar sobre aquilo que é essencial. Já que no momento de crise financeira não podemos nos enganar e viver num frenesi de consumo para tampar nossas faltas, só nos resta ir à busca do que realmente nos preenche, que são as pessoas e o modo como nos relacionamos com elas.

Por isso, cada vez mais fica evidente que os relacionamentos afetivos (amigos e parentes) são o que temos de mais valioso. Eles são um elemento crucial na proteção da nossa saúde mental.

O apoio emocional é apenas uma das muitas contribuições que as relações afetivas (amigos e familiares) têm em nossa vida, e são promotoras de saúde. Mas, em se tratando de nossos dias, as pessoas estão com poucos ou nenhum amigo e distantes de seus parentes.

Pode parecer contraditório que isso ocorra em plena época das redes sociais e conectividade digital. Mas, na vida humana, apesar dos muitos seguidores em nossas redes sociais, eles contam muito pouco ou quase nada, quando se trata de sua saúde e felicidade.

Conta mesmo aqueles amigos e parentes que não são virtuais, que não estão apenas dando bom dia no grupo de *WhatsApp*. Contam aqueles que te abraçam e te levam um mimo, ouvem suas angústias e contam as deles. Esses sim são os que provocam um profundo impacto positivo em nossa felicidade, bem como nós provocamos na deles.

Portanto, faça o seguinte, troque cinquenta amigos virtuais por um amigo real. Troque o grupo de *WhatsApp* da família pela visita semanal a um parente. Troque duzentas visualizações de pessoas felizes em *selfies* pela visão do sorriso de alguém que te quer bem e recebe sua visita, e você verá como sua vida terá mais felicidade e mais sentido.

CAPÍTULO DOZE

É IMPOSSÍVEL SER FELIZ E SOZINHO?

* * *

O vínculo com seres humanos é necessário? Ou podemos viver sós e sermos felizes?

Certamente, há uma grande pressão para que todo mundo esteja sempre junto e seja feliz o tempo inteiro. Muitos chegam inclusive a olhar com preconceito e considerar incapazes e incompetentes as pessoas que moram sozinhas. Não é bem assim!

Não podemos assumir visões extremistas de nada. A vida tem muitas possibilidades e há diversas maneiras possíveis de se viver a própria vida. Mas, sem sombra de dúvida, todas as pesquisas sobre o comportamento humano mostram um componente fundamental do indivíduo: ele é gregário.

Em outras palavras: somos o que somos por vivermos em comunidade. E se existe algo que nos faz sofrer realmente é quando nos afastamos da comunidade, ausentando-nos do coletivo e do social.

O que leva algumas pessoas a se ausentarem? Decepções, traições, angústias e medos. Elas terminam generalizando o comportamento agressivo que certa pessoa teve para com elas e concluem como inviável o relacionamento entre seres humanos. Muitas pessoas afirmam que preferem amar os animais ao invés de pessoas. Uma amiga minha me disse uma vez: "Quanto mais eu conheço os homens, mais eu admiro os animais."

Essa é uma frase meio depressiva, pois, na verdade, ela estava se referindo a si mesma, que é um ser humano e está decepcionada consigo. Nós precisamos nos vincular, estar com os outros. Todavia, para estar com os outros, é preciso desenvolver a consciência de que as pessoas falham, agridem, machucam, disputam espaço.

A solidão é algo terrível, pois desconstrói a identidade e o ego. Não sei se você já assistiu a um filme antigo protagonizado pelo ator norte-americano Tom Hanks chamado *O Náufrago*. O filme conta a história de um homem que sofre um acidente aéreo do qual vem a ser o único sobrevivente. Ele cai em uma ilha totalmente deserta. Para não surtar e não perder a própria identidade, esse homem pega uma bola de vôlei encontrada nos destroços, coloca a mão ensanguentada sobre ela e, na impressão dessa mão, desenha o símbolo de um rosto humano e passa a conversar com essa bola, batizada de Senhor Wilson, em virtude de a bola pertencer à marca de produtos esportivos Wilson.

Durante a trajetória mostrada no filme, o personagem desenvolve todo um relacionamento humano com a bola de vôlei. Ele briga com ela, dialoga com ela, se irrita com ela, porque aquela bola simboliza o outro que nos confere a nossa própria humanidade.

O personagem finalmente consegue deixar a ilha por meio de um bote improvisado com o qual ele singra o mar. No processo, ele perde o Senhor Wilson, que cai nas águas revoltas e se afasta irremediavelmente do bote. Nesse momento, o protagonista entra em profunda depressão, pois uma coisa é certa: nós somos tão feitos para o amor que, quando não há ninguém para amar, amamos coisas.

É interessante que possamos nos permitir, além do medo, da angústia e das decepções, voltar a amar pessoas, voltar a vincular com seres humanos, pois a solidão tem um custo muito alto.

Há a necessidade de momentos de solidão. Afinal, é necessário que em algum momento estejamos em nossa própria companhia para refletir sobre o nosso mundo interno. Isso é bom quando é opcional, mas não quando se trata de uma imposição que nós nos colocamos devido à incapacidade de conviver com os outros como eles são.

Cabe aqui uma distinção necessária para nossa compreensão. Existe uma diferença entre solidão e solitude, apesar dos termos serem usados de forma indistinta por muitas pessoas.

A solidão machuca e corrói a alma, pois é caracterizada por uma profunda sensação de isolamento, de exclusão. Essa última se caracteriza pela forma mais amarga e cruel de solidão, a solidão que sentimos, mesmo cercados de várias pessoas.

Já a solitude é bem diferente. Ela se caracteriza pelo estado de estar sozinho sem ser solitário. É um estado positivo e construtivo de relacionamento consigo mesmo. A solitude é essencial para nos levar a reflexões mais profundas, numa busca de autoconhecimento. No estado de solitude experimentamos a criatividade, os *insights* que nos levam a um novo estado de ser, e por isso mesmo ela chega a ser essencial em nossas vidas.

Acontece o contrário com a solidão. Ela é marcada por um profundo descontentamento com a vida e com as pessoas. Como nos diz Alceu Valença, compositor pernambucano: "a solidão é fogo, a solidão devora, é amiga das horas, prima, irmã do tempo, e faz nossos relógios caminharem lentos, causando descompasso no meu coração."

A solidão castiga, pois revela muitas vezes uma fraqueza pessoal, fruto de um descontentamento conosco e com os demais que provoca distância e ausências.

A solitude é uma escolha pessoal, ao passo que a solidão é uma imposição dos outros a você ou fruto de sua própria incapacidade de se relacionar com os demais e consigo. Solitude nos reabastece e nos plenifica, a solidão nos esgota, nos desgosta, nos limita.

CAPÍTULO

TREZE

Inteligência emocional

* * *

Você deve conhecer pessoas que têm a sua admiração pelo jeito de ser, pela serenidade e pela forma como vivem a vida. Às vezes, essas pessoas trabalham com você e toleram bem a crítica, pois não se sentem diminuídas ou desmotivadas. Pensam a respeito da falha cometida e não culpam os outros. Todo mundo quer estar perto de pessoas assim. É possível que uma festa não aconteça sem a presença delas.

Que características essas pessoas têm, seja no trabalho, na família ou no relacionamento a dois, que nos encantam? Todos nós temos vários tipos de inteligência. Uma das mais incentivadas é aquela que dá conta do intelecto. O tipo de inteligência que leva você a passar em um concurso público, mostrar resultados e conseguir se dar bem na vida.

Entretanto, nesse processo, muitas vezes há de se considerar o caso daquela pessoa amiga que é uma estudante exemplar, que nos deu aulas inclusive, mas, quando chegou o dia da prova, a despeito de todo o seu conhecimento, ela não foi aprovada. Em outros casos, a pessoa é muito capacitada, mas simplesmente intragável, a ponto de ninguém querer chegar perto dela. Trata-se de uma pessoa difícil, pois briga por qualquer razão e não suporta um olhar diferente.

Qual seria a inteligência que precisaríamos ter para ser alguém plenamente capacitado? Desde que Daniel Goleman lançou o livro intitulado *Inteligência Emocional*, essa forma de inteligência veio à tona e passou a ser estudada por diversos pesquisadores.

Muitas pessoas se perguntam: eu posso desenvolver inteligência emocional ou ela seria inata?

É sabido que, com relação a tudo o que diz respeito ao comportamento humano, algumas pessoas já apresentam uma facilidade inicial, mas o indivíduo é capaz de desenvolver qualquer forma de inteligência, inclusive a emocional.

É muito importante observar as quatro características fundamentais necessárias para o desenvolvimento da inteligência emocional: a primeira delas seria o *autoconhecimento*. Diversas pessoas não se conhecem, negam certas emoções, não admitem que têm inveja, raiva, rancor. Como mudar algo que julgamos não ter?

Então, a primeira coisa a ser feita é permitir o autoconhecimento, que nos leva à segunda característica fundamental da inteligência emocional: o *autocontrole*. Se você conhece suas características e sabe exatamente quem é, não será pego de surpresa, por exemplo, em um evento em que sentirá raiva em virtude de uma crítica.

Se você sabe que é uma pessoa que tem dificuldade de lidar com críticas, é preciso se preparar. Em uma reunião de negócios, você sabe que as pessoas vão comentar sobre o seu trabalho. Nesse caso, você precisa se preparar para isso. A partir do momento em que você tem a consciência de sua dificuldade de ser criticado, terá autocontrole quando a crítica vier e perceberá como se desencadeiam esses eventos.

Quando você tem autoconhecimento e autocontrole, estará preparado para obter a capacidade de demonstrar *consciência social*. Você ouvirá a crítica sem revidá-la. Mesmo que ela não tenha sido construtiva, é importante que a sua reação denote o foco na construção da mudança necessária, não na rejeição trazida pela crítica.

A consciência social também acarreta saber lidar com as pessoas, com os ambientes. Sabe aquela pessoa que diz a piada na hora errada e faz um comentário que não deveria ter feito? Isso ocorre exatamente devido à falta de consciência social. Trata-se de um *feeling* que muitas pessoas perdem por não se conhecerem, não se controlarem e não terem gestão de suas próprias relações sociais.

A partir daí, chegamos à quarta característica da inteligência emocional, que é fundamental para potencializar tanto a vida pessoal quanto a profissional: a *gestão dos relacionamentos*. Se já é difícil gerenciar a nós mesmos, ainda mais complexo é gerenciar os nossos relacionamentos. A junção das três capacidades anteriormente mencionadas – autoconhecimento, autocontrole e consciência social – permite a obtenção de uma quarta competência, que é a capacidade de gerenciar os relacionamentos.

Isso não significa que você vá controlar as pessoas e ser maquiavélico.

*Quando você passa a gerenciar
seus relacionamentos, torna-se
uma pessoa mais empática,
capaz de compreender o que
o outro sente ou pensa.*

Você se coloca no lugar dessa pessoa. A partir dessa conjuntura, você pode ponderar e pensar melhor sobre qualquer circunstância.

Enfim, a inteligência emocional realmente é algo importante a ser desenvolvido. Mesmo que você não a tenha, pense em desenvolvê-la. Existem formas de sempre buscar dentro de si seus próprios recursos, reconhecendo suas questões interiores. Enquanto estudar lhe dá a competência de ir fazer uma prova estando bem preparado, é a sua emoção que definirá se você conseguirá suportar o pouco tempo para responder às questões e a pressão a ser enfrentada.

Mesmo que você logre aprovação no concurso dos seus sonhos, isso não é garantia de que você será feliz. Se você não tiver inteligência emocional, estará em um ambiente de trabalho onde será hostilizado por não saber dialogar com ninguém, por não saber conviver com os colegas, por ser egocêntrico, egoísta e inábil para compartilhar opiniões com o outro.

Nós temos, sim, a capacidade de desenvolver inteligência emocional. A qualquer momento, podemos adquirir a consciência de quem somos. É um trabalho lento, mas os seus resultados são fantásticos. Comumente, consideramos ser difícil mudar. No entanto, mais difícil ainda é permanecer como estamos. Então, que venha mais inteligência para as nossas vidas!

Agir de modo inteligente gera efeitos em várias áreas de nossa vida, por exemplo: Qual o impacto da inteligência emocional no mundo dos negócios? Preciso amar o que faço para fazer bem feito?

Uma das coisas sobre as quais mais nos perguntamos acerca de trabalho é esta: É preciso amar o que se faz para fazer bem feito?

Confúcio, filósofo chinês antigo, diz o seguinte: o segredo da vida não é fazer o que se gosta, mas aprender a gostar do que se faz. Nem sempre temos uma profissão glamorosa, sonhada por todos. O importante é que aprendamos a gostar dessa profissão e dar o nosso melhor.

Isso nos ajuda a desmistificar a ideia de que é necessário ter um dom para realizar determinada coisa. Você constrói o dom. Certa vez, perguntaram a Pelé se o que ele fazia era sorte. A resposta foi: "Era treino". Pelé treinava pegar a bola com a cabeça, de olhos abertos, e isso o levou a posteriormente conseguir fazer gols impressionantes.

Na história de qualquer grande pessoa, seja na literatura, na música, na arte ou no esporte, é perceptível a presença de esforço e foco, não necessariamente do dom ou de uma vida fácil. Quando começamos a fazer bem feito qualquer coisa, nós nos destacamos nela. E no momento em que nos destacamos, as pessoas começam a nos elogiar, começamos a constatar o resultado do trabalho. E sabe o que acontece? Uma mágica! Começamos a gostar daquilo que fazemos.

CAPÍTULO
QUATORZE

SONHO E REALIDADE

* * *

Você já parou para pensar sobre a diferença entre sonho e realidade?

Muitas pessoas sonham muitas coisas. Se não as alcançam, vivenciam um sentimento de profunda frustração. Quando sonhamos, é necessário guardar algum tipo de relação com o real.

Se você sonha em ser um cantor, a primeira tarefa é perguntar se você é afinado. Você não pode querer cantar sem primeiramente ser afinado. É preciso, portanto, manter alguma relação com o real.

A todo momento, o seu sonho deve ter algum tipo de correlação com aquilo que você já faz. Caso contrário, você sempre criará um sonho fantasioso que não será realizado e talvez tenha um único objetivo: criar em você um sentimento de incompetência, para que possa reforçar a sua suposta incapacidade de alcançar seus anseios e julgar que, se o outro conseguiu, foi questão de sorte.

Não é bem assim. Pense sobre os recursos e competências que você tem e sobre eles lance os seus sonhos. Aí, sim, você os alcançará.

A primeira vez que vi uma pessoa falando em público, achei fantástico. Todo mundo ali, olhando para ela. Quando cheguei em casa, contei para a minha mãe a minha experiência e ela me perguntou:

– Por que você não pensa em fazer isso na vida?

Eu dei uma risada imensa! Mal conseguia ler em público!

– Mas, mãe, a senhora acha que eu vou conseguir? Tímido como eu sou?

– Você pensa que terá catorze anos pelo resto da vida? Você pensa que nunca vai crescer e amadurecer? Eu estou vendo o que você vai ser. Você só está vendo o que está sendo agora.

Já pensou em fazer isso? Lance um olhar à frente. Pense em perceber que no futuro você pode ter o que ainda não tem hoje. Claro, isso não virá do nada. Não basta sonhar. É preciso começar a construir a escala de metas.

O que você quer? Ao determinar o seu objetivo, comece a elencar o que é necessário conseguir hoje, amanhã, semana que vem, mês que vem, ano que vem. Finalmente, aquilo que parecia impossível, que parecia estar nas nuvens, foi alcançado porque você construiu uma escada. Os sonhos são assim. Não importa a altitude que eles têm; é preciso construir etapa por etapa a sua consecução.

Para simplificar: quando você apenas sonha, mas não estabelece uma data, é apenas um sonho. Mas, quando você sonha e estabelece uma data para realizá-lo, virou meta.

Muitas pessoas se paralisam na realização de seus objetivos e sonhos, porque perdem muito tempo lamentando o sucesso dos outros, acreditando que os outros têm sorte, e não enxergam o esforço que cada um fez e faz para estar onde se encontra. Por isso, uma das primeiras medidas para realizar é deixar de lamentar o sucesso dos outros, e ao invés de simplesmente invejar, se inspirar no que o outro realizou.

Mas, como seria esse processo e qual a relação de sonhos pessoais, com inveja dos outros? Para entender isso precisamos diferenciar inveja de cobiça.

Eis a diferença: inveja significa desejar que o outro não tenha. Magoar-se porque o outro tem. Já a cobiça significa querer ter também. Inveja é quando o seu vizinho compra um carro novo e você pensa: "Tomara que, no próximo feriadão, ele morra num acidente... Miserável!". Isso é inveja.

Cobiça é quando o seu vizinho compra esse carro novo, você acha o carro muito legal e pensa consigo: "Puxa, mas ele ganha o que eu ganho. O que ele fez para conseguir, enquanto eu não consigo?" Você pode perguntar a ele:

– Rapaz, como foi que você conseguiu comprar esse carrão?

– Eu e minha esposa estamos vendendo bolo de pote, e tem dado uma grana boa.

Se for esse o caso, você já chega em casa, conta para a sua esposa o que aconteceu e os dois entram no *YouTube* e começam a ver tutorial de como fazer bolo de pote. Você monta uma força-tarefa para esticar a renda familiar, já que você também quer possuir aquele carro.

Digamos que o seu vizinho comprou uma TV OLED, com sessenta polegadas, para ver o Brasil perder de 7 x 1 para a Alemanha. Inveja é você pensar que, no momento em que o aparelho for conectado na tomada, ele irá explodir. Cobiça é querer comprar uma televisão igual.

Inveja é o seu vizinho pintar a casa dele de bege e, quando chegar a noite, você pichar. Cobiça é, no dia seguinte, você comprar honestamente uma tinta e pintar da mesma cor. Nesse caso, você não invejou, mas cobiçou.

Competição é querer fazer o seu melhor, sem destruir o outro e sem utilizar artifícios que tentam destruir a concorrência ou o seu colega. Ética é a capacidade de perceber que você pode conseguir o seu melhor sem ter de destruir absolutamente ninguém.

A inveja nos corrói por dentro, já a cobiça pode ser uma mola propulsora para a realização dos nossos sonhos.

Ideal mesmo é que você avalie se precisa ou não ter um carro novo, se isso lhe fará mais ou menos feliz, porque talvez você nem precise do que os outros têm. Mas, caso você ainda tenha muitos sonhos, siga-os, se inspirando em quem conquistou, mas não lamentando e invejando quem já os realizou.

Só não ache que é tarde para realizar, pois aí você estará assinando uma sentença de infelicidade e de morte em vida, pois não existe uma idade limite em que devemos parar de sonhar.

Na vida, sempre temos a ideia de ciclos. De acordo com essa concepção, em certa idade é preciso começar uma determinada coisa. Desse modo, muitas pessoas julgam estar atrasadas e que não dá mais tempo.

Trata-se de uma ideia equivocada. A qualquer momento podemos começar a mudar a nossa vida.

Uma frase da escritora belga Marguerite Yourcenar (1903-1987) diz o seguinte: nosso lugar de nascimento foi aquele onde lançamos pela primeira vez um olhar de inteligência sobre a nossa vida. Não importa se isso ocorre aos vinte, trinta, quarenta ou oitenta anos de idade. O importante é que um dia, em algum momento, você decida ser responsável pela sua vida, sem delegá-la a pessoas ou circunstâncias.

Quando nos responsabilizamos por nós mesmos, percebemos que a hora certa é aquela em que se começa, não a que as pessoas estabeleceram. Seu primo pode ter começado primeiro que você; sua prima passou em um concurso público mais cedo; o seu colega conseguiu comprar um carro antes de você. E daí? Comparar-se com os outros é frustrante, meu amigo.

Precisamos ser o nosso próprio parâmetro de comparação e nos perguntar: Onde eu estava antes até chegar aqui? Onde quero chegar a partir daqui? Com base nessa atitude, estabelecemos que onde começa é o momento correto.

Afinal, para realizar sonhos, devemos ressignificar a realidade, acreditar em nós mesmos, nas possibilidades de que sempre podemos construir, sem nos importar com quem já alcançou, pois cada um tem seu tempo e seu ritmo, só não acredite em quem diz que não é possível, mesmo que esse alguém seja você mesmo.

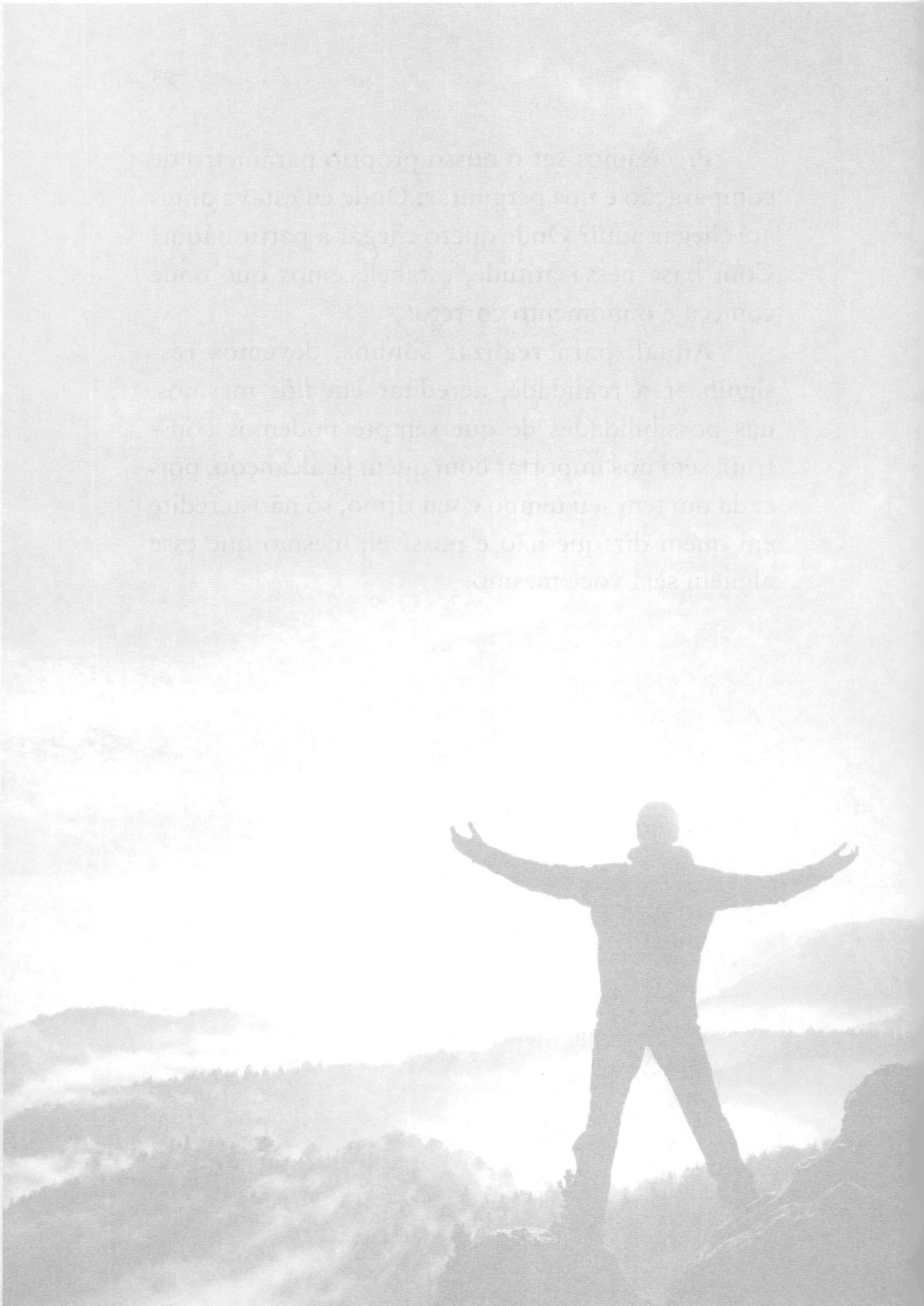

Capítulo Quinze

A velhice e a felicidade

* * *

Se existe algo inexorável na vida é o tempo. E ele traz algo de que muita gente não gosta: o envelhecimento.

Meu avô materno, Manoel Irineu, que era um poeta, sempre me recitava um poema de sua autoria, que sempre me chamou atenção. Ele diz assim:

> *Há entre o homem e o tempo*
> *contradições bem fatais*
> *O homem diz, mas não faz*
> *O tempo não diz, mas faz*
> *O homem não traz nem leva*
> *Mas o tempo leva e traz*

Ao pensar sobre isso, nos perguntamos: Qual seria a função do envelhecimento? Você já parou para pensar por um minuto se você tivesse um corpo de dezoito anos durante cem anos? Provavelmente, você se comportaria por cem anos como uma pessoa de dezoito anos.

É preciso realmente que a vida nos apresente novas possibilidades, e que o envelhecimento venha para que possamos pensar sobre algo a mais do que ficar o tempo inteiro fixados no corpo perfeito.

O envelhecimento também traz uma lição que não devemos deixar de aprender. A vida nos leva a construir novos valores, desse que só a maturidade, ou seja, tempo e experiência, nos permite alcançar. Por isso, cada fase da vida é rica em aprendizado, e em cada uma delas perdemos algo, mas ganhamos muito.

Estudos mais recentes na área de Psicologia de um modo geral têm dito que é a partir dos cinquenta anos que as pessoas finalmente começam a ficar felizes.

Sabe por quê? Porque elas deixam de dar importância ao que os outros estão pensando: se estão bem; se estão usando o relógio legal ou o telefone da moda. Aos cinquenta anos, caso você tenha amadurecido – afinal, há quem não amadureça –, é hora de começar a se preocupar com o que você pensa sobre a vida. Você se importa com o que é essencial.

A velhice nunca foi um problema. Nós a transformamos num problema.

A velhice é uma etapa da vida como qualquer outra, que tem dificuldades, aprendizados e muita coisa boa para se vivenciar.

Lembro que, antes dos trinta anos, eu cantava a música da vítima. A música cantava a ideia de alguém que se sentia incapaz e vitimado pelas circunstâncias. Não vou colocar a letra aqui por respeito ao compositor, afinal é uma leitura pessoal que faço dessa música.

Depois que passei dos quarenta anos, e não me pergunte há quanto tempo eu passei dos quarenta, mudei a música com a qual me identifico atualmente.

Essa música define hoje uma vida pautada muito mais por uma sensação de leveza e diz assim:

> *Ando devagar porque já tive pressa[4]*
> *Levo este sorriso porque já chorei demais*
> *Hoje me sinto mais forte, mais feliz, quem sabe(...)*
> *Eu só levo a certeza de que muito pouco eu sei*
> *Eu nada sei*

---

4 ALMIR SATER (Cantor, compositor); RENATO TEIXEIRA (Compositor). "Tocando em frente". In: **Almir Sater ao vivo.** São Paulo: Columbia/ Sony Music, 1992. 1 CD.

Essa música tem uma frase que diz tudo:

*Cada um de nós compõe a sua história
e cada ser em si carrega o dom de ser
capaz de ser feliz*

Para isso acontecer, eu tenho que envelhecer. Eu preciso aceitar o aprendizado extraído de cada dia, os bons e os ruins. Minhas virtudes e meus defeitos, construindo em mim todas as possibilidades que, só o passar das horas me permitem alcançar.

Sempre é bom lembrar que o desenvolvimento físico, com o passar dos anos e o impacto em nosso corpo, é comum a todos os seres humanos e isso não é maturidade. A maturidade é uma escolha de viver a vida, nos desenvolvermos mental, emocional, moral e espiritualmente.

Existem alguns sinais fantásticos dessa maturidade chegando, passamos a ser mais seletivos nos nossos relacionamentos bem como naquilo que priorizamos na vida, por exemplo, na maturidade concentramos nossa vida social em torno de pessoas que nos acrescentam, e nos afastamos, sutilmente, daqueles que não nos enriquecem emocional e moralmente. Nessa fase da vida, a gratificação deixa de ser fruto da aquisição de coisas, passa a ser a convivência com outras pessoas e com as experiências enriquecedoras que a vida nos traz.

Quando amadurecemos não queremos que todos concordem conosco, pois estamos mais dispostos a ouvir e a aprender, e os revezes da vida não são frutos de um tortuoso lamento, mas, por serem inevitáveis, são vistos como oportunidade de crescimento e de mudança.

Chega um momento que, em retrospecto com o passado, faz-se um balanço da vida e busca-se novos significados. É o momento em que não se quer mais provar nada para ninguém, mas se busca deixar um legado, seja para família ou para a coletividade.

Um legado não se constrói do dia para o outro. Um amigo, certa vez, me mostrou a cartinha que sua filha de cinco anos fez para a amiguinha, se despedindo, pois ia para outra cidade; a filha assim escreveu para amiga de quatro anos: "é amiga, depois de toda uma vida juntas, agora temos que nos separar."

Acredite, é preciso mais que quatro anos juntos para deixar um legado. Por isso, que venham os dias e os anos, com eles também os limites físicos, mas carregando junto a liberdade do ser.

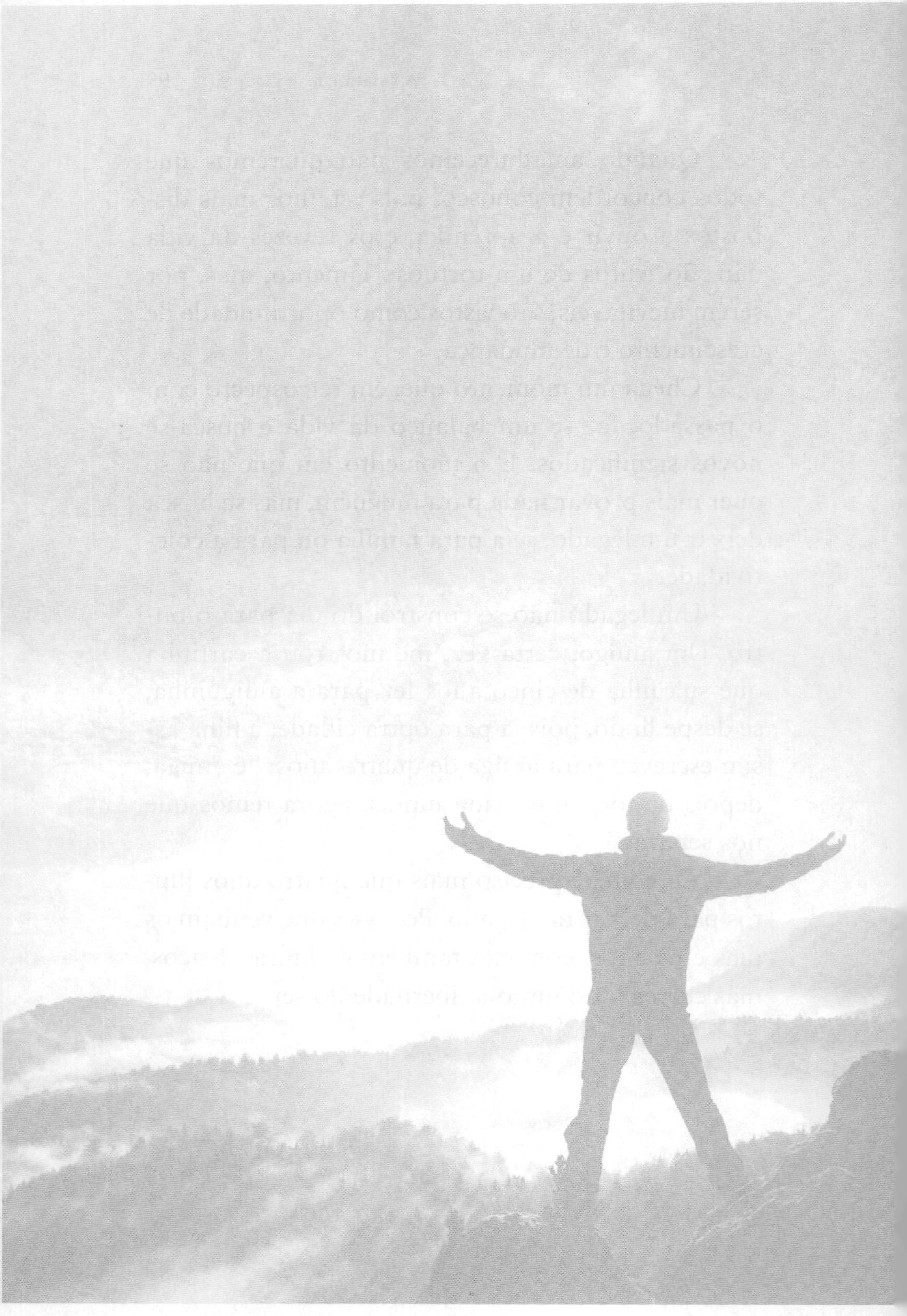

CAPÍTULO
DEZESSEIS

COMO NÃO VIVER RESSENTIDO?

* * *

Muitas vezes, você perdoa, mas continua sentindo a dor das consequências do evento que gerou o ressentimento. Permita-me dar um exemplo.

Digamos que alguém o atropele e você fique paraplégico. Você resolve perdoar o motorista. Você voltará a andar por causa disso? Não. Você continuará enfrentando as dificuldades típicas de uma pessoa cadeirante.

Alguém matou o seu filho e você perdoou. Ele voltará para você no dia seguinte? Não. Perdoar não é parar de sentir dor. Você continuará sentindo saudade, mas você resolveu perdoar. É um sentimento pessoal.

Perdoar não é, em nenhum momento, negligenciar a justiça. Perdoar, em alguns casos, não é voltar a confiar. Certa vez, uma paciente minha me disse assim:

– Você sabe que o motivo de eu estar fazendo terapia é que na infância o meu pai abusou sexualmente de mim.

– Sei.

– Eu vou viajar para os Estados Unidos. Será que eu posso deixar a minha filha de três anos com o meu pai, já que eu o perdoei?

E eu respondi:

– Não. Você não pode deixar a sua filha aos cuidados do seu pai. Você não tem garantias de que ele não fará com ela a mesma coisa. Então, perdoá-lo é positivo, porém, confiar que ele não voltará a fazer o que ele já fez com você é uma outra coisa.

E o mais difícil: perdoar nem sempre é se reconciliar com o adversário, e por que digo isso? Às vezes, você perdoa e a pessoa a quem você perdoou continua lhe odiando e não deseja mais nenhum tipo de convivência com você. Em casos assim, você precisa respeitar o limite e o tempo que cada um tem de construir o perdão.

Também temos que entender que perdoar não significa ficar esperando por um pedido de perdão.

Isso é difícil, não é? Eu posso perdoar alguém, e esse alguém não querer me perdoar.

Perdão é uma libertação pessoal. O perdão do outro vai depender dele. Quando perdoo, eu me liberto. Quando me ressinto, estou preso. A pessoa que me fez mal com a minha permissão continua me fazendo mal, porque estou preso pelo ressentimento.

CAPÍTULO
DEZESSETE

A VERDADEIRA PAZ

* * *

Se consideramos que a paz é um sinônimo de ausência de conflito ou de perturbação, então nunca haverá paz no mundo. Essa é uma visão infantil de paz. Trata-se da ilusão de um mundo cor-de-rosa em que eu só serei capaz de navegar o meu barco da vida quando o mar estiver calmo.

Acho uma postura infantil quando a pessoa amanhece o dia e, em sua prece matinal, pede: "Oh, meu Deus, que hoje seja um dia tranquilo, que não haja problema no trabalho, que eu termine o dia bem." É como se essa pessoa estivesse dizendo assim para Deus: "Deixe o mundo zen para eu ficar zen."

Na verdade, a ideia é que possamos nos capacitar para que, diante a turbulência das ondas a serem navegadas naquele dia, seja possível chegar até o final do dia! De preferência de forma serena e tranquila, mas nem sempre é possível, então que eu chegue à meta, mesmo que em muitos momentos eu me estresse, tenha medo, enfim, seja humano.

Esta é a construção de uma capacidade que não pede que o mundo mude. Independentemente de como o mundo esteja, quem tem esta atitude consegue manter mais equilíbrio na jornada.

Quando conseguirmos isso, estaremos iniciando um processo que culminará na construção de um novo paradigma em nossas vidas, o paradigma da paz, que surge do enfrentamento de nossa raiva interior.

A raiva é uma emoção natural e poderosa que serve para propósitos positivos.

No entanto, se a raiva é percebida e moldada, torna-se destrutiva, sendo a grande responsável por seu comportamento irracional. A raiva descontrolada destrói relacionamentos, diminui o desempenho no trabalho e na vida acadêmica. Coloca a pessoa em risco por causa da violência das ações.

Mas, podemos fazer algo a esse respeito, não somos prisioneiros de nossos instintos.

A vida é muito curta para ficar irritado com tudo que acontece no seu dia a dia. Não deixe a raiva se transformar num espiral fora de controle, derrubando tudo e todos à sua volta.

Para ajudar nessa tarefa, faça uma lista do que costuma lhe provocar raiva e estresse: por uma semana, anote as várias coisas que estão tirando sua paz. Então, descubra se você pode evitar ou modificar cada evento desse e dar a eles uma categoria de grave, moderado ou leve. Assim, você irá perceber que muita coisa é leve ou moderada, e que você pode mudar mais facilmente, deixando energia para as questões mais graves.

Também é importante, em meio ao corre-corre da vida, você deixar um espaço para o silêncio. Em nossa vida diária, somos rodeados de muito barulho, seja de pessoas ou de tecnologia. O tempo tranquilo é a chave para ouvir seus próprios pensamentos e reflexões, de acolher suas angústias e necessidades.

A paz vem de dentro, pois você não controla o mundo externo como gostaria, mas pode controlar o seu mundo interior. Ao aprender a tomar controle consciente de como você sente, você aprende a abandonar a necessidade de controlar fatores externos que parecem fora do seu controle.

Quando você desiste de alcançar a paz e a felicidade exterior e, em vez disso, assume a responsabilidade de criá-la dentro de si mesmo, você assume o controle de sua vida. O mais fantástico disso tudo é que, quando conseguimos isso, nos tornamos pessoas que inspiram outras e espalhamos uma onda de possibilidades de levar a paz às pessoas que nos cercam. A paz que construímos afeta tudo ao nosso redor. Como nos diz Dalai Lama: "Nunca poderemos obter paz no mundo exterior até que consigamos estar em paz com nós próprios."

CAPÍTULO
DEZOITO

Deus não passa cola

* * *

É bem verdade que muita gente, diante dos desafios do cotidiano, questiona se foi esquecido por Deus. Entretanto, temos que nos conscientizar que Deus sempre nos ajuda, mas Ele não nos passa cola. E o que isso significa?

De um modo geral, acreditamos que Deus é bom, e é verdade, e naturalmente acreditamos que Ele é bom o tempo todo, e do modo como queremos que Ele seja, de forma pessoal e particular. Por isso, muitos pensam que, independentemente das circunstâncias, Deus sempre estará conosco. Essa é uma crença central no Cristianismo, e para mim, particularmente, ela é absolutamente verdadeira, mas isso não tira minha responsabilidade pessoal e, também, não significa que não haverá dificuldades na vida de cada um de nós.

Tive uma experiência muito interessante. Recebi um paciente que era concurseiro, ou seja, aquela pessoa que está estudando para prestar um concurso público. Trata-se de alguém que já vive um estado de ansiedade natural por estar enfrentando uma concorrência muito grande. Esse paciente disse:

– Este concurso é meu! Neste eu passo.

– Gostei da convicção. Mas de onde ela vem?

Sim, porque a convicção precisa vir de uma fonte. Ela precisa estar alicerçada em algo.

– É que ontem eu tive uma conversa séria com Deus. Eu disse a Ele: "Olha, Deus, é o seguinte: esse concurso é meu e o Senhor tem que me dar! Ajude-me a passar."

Depois disso, ele me perguntou:

– O que é que você acha?

Eu respirei fundo e respondi:

– Eu acho três coisas...

– Então, diga!

– Primeiramente, se você teve uma conversa séria com Deus ontem apenas, você está atrasado, pois da parte Dele sempre é séria a conversa. Em segundo lugar, eu acredito que, como Deus o ama profundamente, Ele o ajudará a passar nesse concurso.

E fiquei em silêncio. O paciente, então, falou:

– Que bom que você está me apoiando! Mas qual seria a terceira coisa que você queria me dizer?

– Até onde eu li de todos os livros das religiões de todos os campos de conquista da fé humana, há um conceito comum que perpassa todas as crenças: que Deus é justo. Logo, se Deus é justo e ama a todos os seres da criação, Ele vai ajudar você e também todos aqueles que estão inscritos no concurso. Então, quem você acha que vai passar?

E o paciente se constrangeu.

– Quem estudar mais, né?

– Claro! Porque Deus não vai dar cola para você.

A responsabilidade que compete a você não será tirada. Você não pode terceirizar a evolução e delegar para Deus uma tarefa que é sua.

Mas, muitos pensam que Deus atende a caprichos. Algumas pessoas tentam nos fazer acreditar que Deus nos obedece, não o contrário, e que nós podemos instruí-lo acerca da melhor maneira dEle agir em nossas vidas. Essa crença infantil é tão forte em muitas pessoas, que quando não acontece do jeito que a pessoa "ordenou a Deus", sua crença e fé entram em crise.

Lembro do trecho final da música de Gilberto Gil quando diz que "decidido pela estrada que ao findar vai dar em nada, nada, nada, nada, nada, nada, nada, do que eu pensava encontrar", pelo simples fato de que Deus, quando fazemos a nossa parte, nos leva para onde nem sonhávamos chegar.

E eu aprendi uma lição como resultado desse tempo: Deus nem sempre nos dá o que queremos, mas ele sempre nos dá o que é melhor.

CAPÍTULO
DEZENOVE

COMO VALORIZAR OS MOMENTOS DE SUA VIDA

* * *

O hábito de não investir no presente causa muito prejuízo. Existe uma parte significativa de pessoas deprimidas por estarem vivendo reminiscências de traumas, de experiências do passado. Por um lado, muita gente convive com transtornos cuja origem está em fatos que aconteceram no passado, bem como com dores e angústia. Por outro lado, outros tantos anseiam por um futuro melhor sem fazer nada no presente para que isso se concretize.

É como se tomássemos uma amostragem na qual noventa por cento da população estivesse dividida em dois grupos: quarenta e cinco por cento estão presas ao passado, enquanto os outros quarenta e cinco por cento estão ansiando pelo futuro. Contudo, poucas pessoas estão presentes na vida, no dia de hoje.

Essa é uma questão fundamental na ordem do dia: de onde vem nossa gritante dificuldade de viver o aqui e agora?

Será que estamos presos num emaranhado de memórias carregadas de dor, de cobranças exageradas pelos erros cometidos no passado e pela dor que causamos na vida de outras pessoas? Pelas muitas decepções afetivas? Vergonha de nós mesmos e mágoas que não nos deixam energia para estar no presente?

Ou seria porque, na tentativa de compensar tanta dor, começamos a sonhar acordados, numa espécie de fuga do presente e do chamado que ele nos faz para, através da disciplina de esforço incessante, realizar as mudanças que são essenciais para a construção do que desejamos em nossas vidas?

Como fazer para construir uma realidade nova, se o meu passado não foi tão bom quanto eu gostaria? Como reconstruir, ressignificar ou retemperar a vida se continuo ou preso ao passado ou ansiando por uma solução que virá no futuro?

Ao agir assim, você se comporta como se fosse de uma outra pessoa, e não de você mesmo a atribuição de construir o que você deseja viver. O convite que nos é feito por Jesus, quando nos diz: "Não vos preocupeis com o dia de amanhã"[5], nos conclama a destinar a maior parte de nossas energias ao dia de hoje. É preciso administrar as muitas experiências do presente e viver isso. Pois uma coisa é certa, o presente bate, incessantemente, em nossa porta nos dizendo que tem lixo para colocar lá fora, filhos para fazer exercícios de casa e colocar para dormir, um trabalho para concluir, um perdão para oferecer ou para pedir. O presente é insistente e persistente.

A ansiedade de não saber valorizar o momento presente fica fortemente evidente hoje em dia com as redes sociais.

É comum chegar a um restaurante, ou mesmo em casa, com a família, e ver todo mundo conectado no *WhatsApp*, no *Instagram*, no *Facebook* e sem interagir.

As pessoas não vivem o presente. Pedir um momentinho ao seu interlocutor enquanto você

---

5 "Portanto, não vos preocupeis com o dia de amanhã, pois o amanhã trará suas próprias preocupações. É suficiente o mal que cada dia traz em si mesmo." (Mateus, 6:34). Disponível em: <http://bibliaportugues.com/matthew/6-34.htm>. Acesso em: 08 jan. 2018. Nota da copidesque.

responde a uma mensagem é até deselegante. Isso significa que você não está com o outro. Nem tampouco está presente. Ao agir assim, você, mesmo no presente, está ausente. E isso não faz bem para ninguém.

Quando a vida nos chama para viver o aqui e agora, não é para perdermos tempo em críticas severas sobre nossas ações passadas, nem mesmo para olhar para o futuro de forma desesperançosa ou fantasiosa. Agora não é um convite para procrastinar, adiar, relaxar, se entregar, mas para agir!

Só vivendo o aqui e agora é que podemos modificar as consequências advindas de nossas escolhas do passado, e finalmente construir novas possibilidades no futuro.

Claro, se concentrar no aqui e agora tornou-se uma tarefa ainda mais difícil em nossos dias, pois vivemos a era da distração. *Netflix, Instagram, Facebook*, baladas, shoppings, tudo ao mesmo tempo agora nos distrai de modo impressionante. No entanto, a vida é cheia de paradoxos e um deles, bem claro em nossos dias de distração profunda, é que a construção de um futuro de sucesso só acontece quando temos a capacidade de viver responsavelmente o presente.

E o que ganhamos com o presente? Com vidas estressantes, mentes distraídas e falta de foco nas partes mais profundas de nós mesmos, não resta a menor dúvida de que teremos inúmeros benefícios ao reorientar nossa atenção para a relevância e o potencial do momento presente, como fator de equilíbrio emocional.

Antes vale também ressaltar o quanto importante é lembrar do passado e aprender com ele, e antecipar cenários futuros para prevenir nossos erros. Isso também faz parte do que nos torna humanos.

Um estudo da Universidade de Harvard, realizado com 2250 estudantes, no qual informavam diariamente suas atividades, seus pensamentos e seus sentimentos, feito pelos pesquisadores Matthew Killingsworth e Daniel Gilbert, demonstrou o lado positivo e o lado negativo de lembrar do passado e de antecipar cenários futuros.

Segundo eles, nós, seres humanos, temos essa capacidade única de nos concentrar em coisas que não estão acontecendo agora, nos permitindo refletir sobre o passado e aprender com os erros cometidos; permite que possamos antecipar e planejar o futuro. Todavia, dizem os pesquisadores, muitas vezes usamos essa habilidade de forma improdutiva, num excessivo fluxo mental para o passado e para o futuro, gerando profundos desequilíbrios em nosso ser.

Um exemplo disso é que muitas vezes, por falta de concentração no presente, terminamos agindo, em muitos casos, no piloto automático, de tal modo que não tomamos consciência da experiencia que estamos vivendo. E o resultado de tudo isso é que a vida passa por nós sem deixar registros.

CAPÍTULO

VINTE

O QUE FAZ DIFERENÇA EM NOSSAS VIDAS?

* * *

Certa vez, eu estava voltando de uma viagem internacional. O avião pousou em Recife, e depois eu tinha de voltar para Campina Grande. Para tanto, ou eu pegaria a BR 101, até João Pessoa, que é duplicada, e em seguida ingressaria na BR 230 sentido Campina Grande, que também é duplicada, o que proporcionaria uma viagem mais confortável, ou ia "por dentro", pela via que passa pela cidade de Goiana-PE, cortando pelos canaviais e poupando trinta minutos.

Nessa segunda opção, passamos por cidades clássicas do país. Cidades com não mais que cinco mil habitantes, do tipo que têm uma igreja no centro, uma rua e tudo acontece ali. Ao passar por uma dessas cidades, eu estava em companhia de um amigo que, por conta de seus muitos títulos, tem uma certa arrogância acadêmica.

Vimos um casal de idosos de mais ou menos oitenta anos, de mãos dadas, sentados naquelas cadeiras de balanço de macarrão. Os filhos e os netos ao redor, num domingo à tarde. Meu amigo exclamou: "Ô vida ridícula!". E continuou: "Esse homem nunca deve ter saído dessa cidade nem dessa cadeira. Deve ter passado a vida inteira se balançando aqui". E lembrou-se de um poema de Drummond sobre Itabira, a cidade natal do poeta, em Minas Gerais. A poesia é "Cidadezinha qualquer":[6]

Casas entre bananeiras
mulheres entre laranjeiras
pomar amor cantar.

Um homem vai devagar.
Um cachorro vai devagar.
Um burro vai devagar.
Devagar... as janelas olham.

Eta vida besta, meu Deus.

Respondi para o meu amigo:

---

6 Disponível em: <http://www.horizonte.unam.mx/brasil/drumm6.html>. Acesos em: 10 jan. 2018.

O QUE FAZ DIFERENÇA EM NOSSAS VIDAS? **121**

– É tudo uma questão de perspectiva. Talvez porque eu seja mais velho do que você já consigo ver algo diferente nesse mesmo cenário.

– E o que é?

Eu me lembrei de outro poema de Drummond, que diz assim: "Itabira hoje é só uma foto na parede. Mas como dói."[7] Quando o poeta foi buscar referências, elas estavam lá na cidadezinha de interior do passado, onde ele foi criado. Nas pessoas que fizeram a diferença. Não importa se hoje ninguém lhe deu bom dia, ninguém o achou importante nem fez uma *selfie* com você.

A verdade é que quando temos raízes e respeitamos essas fontes de memória e afeto, temos como voar mais alto, pois quem não tem consciência e respeito de onde veio, não tem direcionamento para onde vai. E meu amigo disse:

– Quando eu vejo um casal como esse, muito pelo contrário, vejo uma vida COM sentido. Eu sinceramente quero poder, aos oitenta anos, tocar na minha esposa com o mesmo carinho que eles estão se tocando. Também quero ao meu redor filhos e netos, que não me evitem por ser velho e repetiti-

---

7 Trecho da última estrofe do poema *Confidência do itabirano*. Na íntegra, esta estrofe diz: "Tive ouro, tive gado, tive fazendas. / Hoje sou funcionário público. / Itabira é apenas uma fotografia na parede. / Mas como dói!". Disponível em: <https://www.letras.mus.br/carlos-drummon-d-de-andrade/460645/>. Acesso em: 10 jan. 2018. Nota da copidesque.

vo, mas que sintam o prazer de minha companhia, e é o que eu vejo nessa cena. Na verdade, esse homem tem tudo de bom, menos uma vida sem sentido, uma vida besta.

O que faz a diferença na nossa vida sempre são as pessoas. É delas que nos lembramos quando tudo dói, são elas que estão junto a nós quando ninguém está tirando *selfie*, quando ninguém o fotografa ou sabe quem você é. São aqueles anjos que Deus envia antecipadamente, chegam para preparar o nosso terreno e tornar a vida mais fácil.

São essas pessoas que contam. As outras não nos dizem respeito, não têm absolutamente importância alguma. Mas, fato é que muitos dão valor a pessoas que não têm tanto valor assim. Temos a prova disso no conceito de memória. Como se sabe, a memória é caracterizada por armazenar aquilo que tem forte impacto emocional.

Então, diga-me: o que você fez no dia 2 de agosto de 1982? O que você fez no dia 1º de dezembro de 1994? O que você estava fazendo no dia 11 de setembro de 2001?

Certamente, você se lembrou dos atentados às torres gêmeas do *World Trade Center*. E o que você fez no dia 2 de setembro? Não lembra? Você recordou do dia 11 de setembro devido ao forte apelo emocional vinculado à data.

No fundo, a memória nos salva. Apesar dessa inconsciência, temos no nosso eu profundo, pois somos filhos de Deus, a resposta sobre o que é verdade. A memória nos diz que aquilo que nos é apresentado frequentemente gera memória. É como o *slogan* que dizia: "Compre Coca-Cola... Compre Coca-Cola..."; "Compre Batom...". Não é assim?

Pois, muito bem. Vemos celebridades todos os dias na televisão, no rádio, nos *outdoors*, nas revistas. Não é assim que funciona? Se eu fizer perguntas sobre elas, que estão o tempo inteiro em nossas vidas, às vezes, mais do que alguns parentes, você provavelmente saberá respondê-las, concorda? Isso se dá em virtude do conceito de memória por repetição.

Tente se lembrar agora quais foram os três últimos ganhadores do Oscar de melhor ator ou atriz, quem ganhou o Prêmio Nobel da Paz? De economia? Melhor filme? Melhor direção? Os três últimos vestidos do Oscar? Por que você não está se lembrando? Há alguma coisa errada?

Veja só: a memória é repetição. As celebridades são tratadas feito ícones, como modelos a serem seguidos. Eu faço perguntas sobre elas e não lhe ocorrem respostas?! Agora, feche os olhos e pense nos dias mais difíceis da sua vida. Aqueles dias em que você pensou: "Eu não vou conseguir". Lembre-se de quem estava lá com você. Então, pergunto: Essas pessoas aparecem nas revistas? Elas estão em algum *outdoor*? Você se esqueceu de quem são elas?

Muitas podem nem estar aqui, pois morreram, mas continuam existindo porque, por maior que seja a dor da separação, somos a prova viva do amor de Deus.

Certa vez, eu estava angustiado e comecei a meditar sobre o fato de Deus saber ou não as dores que passavam na minha alma. Nesse dia particularmente ruim, eu me perguntei: "Será que Deus me escuta?". Com tantas coisas "mais importantes" acontecendo, como o advento do Estado Islâmico; conflitos e dores em várias partes do mundo. Será que Deus tem tempo de me escutar lá no meu quarto?

Nesse dia, eu não estava com vontade de jantar o que tinha em casa e pedi uma pizza. Recorri a uma rede de pizzarias e digitei no buscador do *smartphone*: "Pizzaria X". Você sabe que todo dispositivo móvel tem um endereço IP, que funciona como uma identidade. Quando acesso a Internet, o Google, na verdade, já sabe que aquele *smartphone* é meu e, pela localização do GPS, onde ele está. Quando eu digitei o nome da pizzaria, imediatamente já apareceu a que era mais próxima da minha casa, com o número de telefone.

Então, pensei: "Puxa, se o Google sabe quem sou eu, imagina Deus? Foi nessa *vibe* que Davi compôs uma das mais belas canções de *O livro de Salmos*, o Salmo 139. Nele, Davi se encanta com o conhecimento de Deus sobre nós, ao dizer:

Senhor, tu me sondas e me conheces.
Sabes quando me sento e quando me levanto;
de longe percebes os meus pensamentos.
Sabes muito bem quando trabalho e quando
descanso; todos os meus caminhos te são bem
conhecidos.
Antes mesmo que a palavra me chegue à língua,
tu já a conheces inteiramente, Senhor.
Tu me cercas, por trás e pela frente, e pões a tua
mão sobre mim.
Tal conhecimento é maravilhoso demais e está
além do meu alcance, é tão elevado que não o
posso atingir.

Salmo 139:1-6[8]

8 Disponível em: <https://www.bibliaonline.com.br/nvi/sl/139>. Acesso em: 14 jan. 2018.

Deus sabe quem somos. Deus conhece nossos pensamentos e desejos. Os sonhos de Deus para as nossas vidas são sempre maiores que os nossos. Os projetos de Deus são sempre maiores que os nossos, mas Ele espera que aceitemos os planos Dele porque dói menos. Deus espera que nos permitamos ter todo esse projeto de luz manifestado.

CAPÍTULO
VINTE E UM

Reciprocidade

* * *

Hoje, vivemos um momento no Brasil e no mundo em que nos é solicitada a condição de protagonismo histórico. Não somos aqueles que apenas curtem revoluções na Internet – #curtiumelhorarbrasil – Não! Está sendo cobrada de nós a possibilidade de agir como um ser capaz de compreender a sua tarefa no momento em que nos encontramos atualmente.

De forma imatura, as pessoas que não querem dar a volta por cima apresentam um comportamento clássico: elas culpam os outros. Confúcio diz que o homem inferior culpa os outros e o homem superior culpa a si mesmo, para que ele possa, então, se responsabilizar por aquilo que não está funcionando.

Quando observamos o momento histórico atual do Brasil, é muito fácil concluir que o culpado são os outros. Como vivo viajando, é incrível o tipo de coisa que eu escuto país afora. É comum, no aeroporto, alguém dizer algo como: "É porque o povo brasileiro não presta!" Por que essa pessoa está se eximindo? Por acaso ela mora na Suíça? Por que ela fala como se não tivesse nada a ver com isso?

Em dia de eleição, ouvimos da mídia: "Hoje o povo brasileiro sai para escolher os seus representantes". Como você se sente quando escuta isso de um jornalista? Você se sente representado pelos nossos homens públicos? Seríamos nós completamente diferentes de nossos deputados e senadores? Afinal, nós nunca compramos um DVD pirata? Nunca baixamos uma minissérie na Internet em *Torrent*[9], o que é ilegal? Compramos a licença de todos os *softwares* instalados em nosso computador? Jamais colamos na prova ou xerocopiamos um livro, o que poucos sabem ser um crime?

Somos um país estranho. Um país de pessoas boas e honestas que, por azar, são administradas por pessoas corruptas. Há algo estranho no Brasil.

---

9 Forma de compartilhamento de arquivos na Internet em que um usuário que baixou o conteúdo se torna a fonte para que vários outros usuários baixem o mesmo conteúdo online, através de um arquivo específico para este fim. Nota da copidesque.

Na verdade, precisamos entender que o Evangelho exige de nós reciprocidade entre nossas crenças e atitudes. Quando o apóstolo João afirma "Jesus é o verbo que se fez carne"[10], define claramente que a distância entre o que Jesus dizia e o que ele fazia era nenhuma.

Nós, por outro lado, somos aqueles cujo discurso é bonito, porém as atitudes são pobres. Isso é assim porque não acreditamos no poder que temos. Não acreditamos que merecemos ser felizes. Observe o exemplo da mulher hemorroíssa. Ao tocar nas vestes de Jesus, ela conseguiu se curar de um sangramento vaginal crônico. Quando isso ocorreu, Jesus estava em público, cercado de muitas pessoas. No entanto, ele perguntou aos discípulos: "Quem me tocou?"

Acho que eles devem ter pensado: "Puxa, Jesus, vamos combinar! Olha a quantidade de gente que está tocando você!" E Jesus explicou: "Esse toque foi diferente, pois senti algo sair de mim." Qual foi a diferença entre todos aqueles que tocaram em Jesus naquele episódio e aquela mulher? Ela achou que merecia. Partiu de um pressuposto: Eu mereço ser feliz. Eu mereço ser curada. Eu mereço parar de sangrar.

---

10 João, 1:14.

E daí? Quanto tempo mais você perderá em sua vida dizendo que não é feliz porque as pessoas não lhe dão atenção? Até quando você permitirá que o outro determine a sua felicidade? Por quanto tempo mais pautaremos a nossa vida a partir da reação das pessoas, mas não sobre o nosso próprio entendimento de nós mesmos, a partir da forma como vivemos a nossa vida, independentemente do que as pessoas dirão?

Se eu sou escravo da opinião alheia, não posso ser eu mesmo.

Não sou uma pessoa capaz de direcionar a minha própria vida. E vou continuar dizendo: "Como eu recebi apenas um talento, vou escondê-lo, pois o outro recebeu muito mais."

Lembro-me de uma paciente minha. Ela havia sido aprovada no ENEM (Exame Nacional do Ensino Médio) na região Sudeste para cursar Medicina em Campina Grande. Havia muitas pessoas das quais ela não gostava. Um dia, ela entrou no consultório e disse, teatralmente:

– Eu odeio aquela nojenta!

E se sentou. Já que a lista negra era bastante extensa, eu perguntei:

– Qual? É alguma que eu conheço?

– Não. Essa você não conhece.

Fiz a pergunta óbvia:

– O que foi que ela te fez?

Se reputo alguém como "nojenta", ela deve ter feito algo muito irritante para mim. E ela respondeu:

– Mas você não vai acreditar. Toda vez que essa nojenta vai apresentar um seminário, ela tira dez!

Após uma pausa, ela complementou:

– Só para me irritar!

Então, pensei: "É hora da terapia de choque!"

– Eu não conhecia essa sua característica. Há quanto tempo você está aqui, em terapia?

– Seis meses.

– Pois é. Eu não conhecia essa sua característica.

– Qual?

– Você é burra.

– Como assim?!

– Burra, mas muito burra mesmo!

– Mas, Rossandro, você está me chamando de burra?!

– É. E burra com força, como dizemos na Paraíba. Burra com vontade firme de ser burra. Burra com propósito, com intenção de burrice.

– Cara, eu tô te pagando!

– Para te dizer a verdade.

– Por que você está me chamando de burra?!

– Porque quando vemos alguém que tem uma coisa que não temos, nós não lamentamos, mas nos inspiramos. Só burro lamenta. Se você não tem o que ela tem, certamente você também tem atributos que essa pessoa não tem. Nenhum de nós é melhor do que todos nós juntos. Deus nos criou assim, com certas imperfeições, para que tivéssemos a humildade de estarmos juntos para construir uma grande obra. Afinal, só quem pode tudo e faz tudo é Deus. Troque esse sentimento infantil. Esse sentimento chama-se inveja. Troque a inveja pela cobiça!

– Qual a diferença?

– Inveja é querer que o outro não tenha e cobiça é querer ter também.

Não há nenhum problema em querer ter também o que o outro tem, desde que os meios para consegui-lo sejam lícitos e éticos. É a lei do progresso. Chegará um dia em que você progredirá mais e não fará diferença o que as pessoas fazem ou têm, pois você estará feliz com o que possui.

Você não determinará a sua felicidade pelas conquistas por entender que a felicidade passa a ser medida pelo que você já possui. É um sentimento não de falta, mas de completude. Você se tornará aquela pessoa que olha para a vida e não detecta o que falta, mas agradece por tudo o que tem. Você entenderá o apóstolo Paulo: "Em tudo dai graças, pois esta é a vontade de Cristo Jesus para convosco"[11], aceitando a vida como ela é e sendo grata por aquilo que já foi conquistado, pois quem é fiel no pouco é fiel no muito.

Quem multiplica um talento, depois recebe de Deus mil talentos para multiplicá-los. Quem não reclama, não lamenta e não se vitimiza consegue o protagonismo da própria existência. Essa é a diferença entre aqueles que querem ser felizes e os que sonham em ser felizes.

Mohamed Ali, um grande pugilista americano, dizia: "Treine enquanto os outros dormem. Estude enquanto os outros brincam. Trabalhe enquanto os outros se divertem." Ao agir assim, você vai viver a vida que os outros sonham.

---

11 "Em tudo dai graças, porque esta é a vontade de Deus em Cristo Jesus para convosco". 1 Tessalonicenses 5:18. Disponível em: <https://www.bibliaonline.com.br/acf/1ts/5>. Acesso em: 14 jan. 2018.

CAPÍTULO VINTE E DOIS

UMA NOVA FORMA DE ENXERGAR OS ERROS

* * *

Quando eu fui fazer estudos sobre personalidades e biografias de pessoas que venciam, descobri que, de cada dez coisas que um ser humano comum decide fazer, cinco dão totalmente errado. Ou seja, cinquenta por cento das escolhas de uma pessoa comum fracassam.

Por outro lado, de cada dez coisas que um ser humano excepcional decide fazer, oito dão errado. E pensamos: "Puxa, eu pensei que eles erravam menos!" Não, muito pelo contrário. Eles erram mais. Mas, qual é a característica? Eles não se punem porque erram, pois entendem que o erro faz parte do processo.

Cometer erros é uma parte muito importante da jornada pessoal. Com isso não quero dizer que devemos agir de forma imprudente com a vida e conosco, mas que devemos ter a responsabilidade de, quando as coisas dão errado, ao invés de nos punir, focar em como agir diferente da próxima vez. Num mundo complexo como o nosso, cada vez mais exigente, precisamos sempre nos autoavaliar e aprender com nossos erros.

Mas, por que é tão difícil aprender com os erros? Porque não queremos admitir que os cometemos. Acontece que a grande maioria de nós quer vender um personagem, demonstrando para si mesmo e para os outros apenas o que tem de melhor.

Tentar esconder nossas faltas nos leva a um profundo desequilíbrio e ao desenvolvimento de comportamentos disfuncionais de negação e projeção de nossos erros nos outros, gerando um profundo empobrecimento no nosso crescimento pessoal.

Muitas pessoas pensam que observar nossos erros de modo maduro, para aprender e avançar, é a mesma coisa que focar nossos pontos fracos de tal forma que nos gera um profundo desânimo e vontade de desistir. Não se trata disso, pois também necessitamos exaltar e fortalecer nossas emoções positivas, traços individuais, nossas virtudes. Até porque, depois de muita dor, erros e acertos, todos nós já possuímos algumas conquistas no campo da integridade e da ética pessoal.

Desenvolvemos, também, após muito desespero e precipitação, aprendizagem de autocontrole. Depois de muita covardia, chegamos a experimentar o sabor da coragem. E de tantas batidas de cabeça, de tanta intempestividade, começamos a esboçar alguma sabedoria, e todo esse aprendizado foi resultado dos erros que, após nos ensinarem sobre a vida, tornaram-se experiências positivas.

Agora, e se além de aprender com os meus erros, eu também puder aprender com os erros dos outros?

Você já percebeu quanto tempo perdemos falando dos erros que os outros cometem? Eu queria te fazer uma proposta diferente, então. Que tal aprender com os erros dos outros, ao invés de, infantilmente, falar deles.

A ideia de que aprendemos com os nossos erros é uma verdade quase absoluta, sobretudo se frequentemente nos observamos e nos analisamos.

Observar nossos próprios erros é uma alternativa muito boa para evitá-los no futuro. Além disso, você e eu sabemos que nossa vida tem um limite de tempo, assim não deveríamos perder tanto tempo errando. Por isso, que tal observar os erros dos outros, não para denegrir as pessoas, mas para aprender com elas.

Quando fazemos isso percebemos que não apenas economizamos tempo, mas, ao fazê-lo, também evitamos sofrer as consequências dolorosas desses erros.

Afinal, está bem claro que quando não aprendemos com os erros, certamente iremos repeti-los e sentir novamente a dor e a raiva de não ter aprendido ainda.

Desde o momento em que nascemos, cometemos erros, mas cada um deles nos ajudam no nosso desenvolvimento e aprendizagem ao longo da vida.

Nos primeiros anos de nossa vida, constantemente falhamos, mas ao longo do tempo, a dor provocada por nossas falhas gera uma memória que nos permite evitar repetição.

Desse modo, verificamos que, por incrível que pareça, existe um lado positivo encontrado após a dor vinda dos erros, sobretudo quando percebemos que os erros com as consequências mais dolorosas, que nos atingiram mais profundamente, são exatamente os que têm o maior poder de nos transformar.

Nesse sentido, não devemos esquecer o quanto importante é aceitar as consequências de nossos erros, pois esse processo pode ser, igualmente, uma ótima lição que assimilamos, além do que aprendemos com o fracasso em si mesmo.

E quando aceitamos as consequências de nossos erros, aprendemos, também, a ser tolerantes com os erros dos outros, desse modo, deixamos de focar a crítica e o comentário maldoso para focar o aprender com os erros que os outros cometem.

Existe um antigo provérbio Chinês que diz: O burro nunca aprende, o inteligente aprende com sua própria experiência e o sábio aprende com a experiência dos outros.

Então, que tal sermos ao mesmo tempo inteligentes e sábios, aprender com os próprios erros e com os erros dos demais? Assim, podemos reduzir a nossa probabilidade de quedas e dores.

Manter-se alerta e perceber tudo que se passa ao nosso redor e na vida de outras pessoas, com a intenção de aprender, é uma estratégia inteligente para evitar dores que não precisamos experimentar.

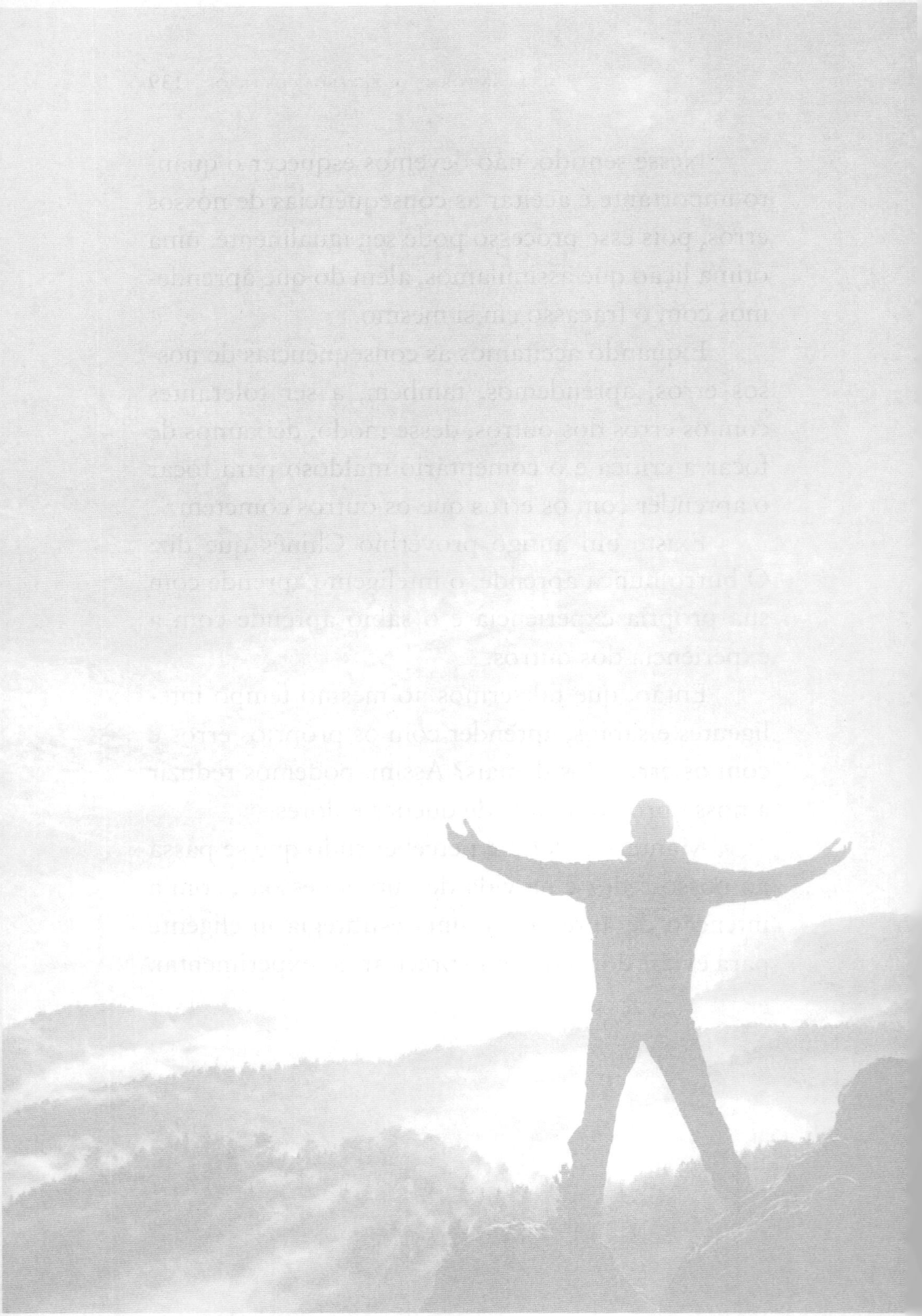

CAPÍTULO
VINTE E TRÊS

SE VENDO DE FORMA EQUILIBRADA

* * *

Se duas notícias sobre você fossem publicadas ao mesmo tempo, uma falando de sua contribuição para o desenvolvimento da saúde, através de uma pesquisa que você realizou e que irá ajudar muita gente, e outra falando que você foi estúpido com um funcionário de um hotel, qual dessas duas você acha que teria mais visibilidade na redes sociais e na cabeça das pessoas?

Bem, não precisa ser nenhum gênio para concluir que a segunda notícia seria a mais vista e que ofuscaria sua conquista e pesquisa. Mas, será que é por que as pessoas são más e adoram uma fofoca? Bem, que as pessoas adoram fofoca não resta dúvida, mas não é esse o verdadeiro motivo para focarmos o lado negativo das coisas.

Na verdade, estamos respondendo a um instinto de sobrevivência duramente conquistado ao longo de nosso processo evolutivo enquanto espécie humana. Esse instinto nos dotou de uma tendência que a psicologia chama de "viés de negatividade."

Na verdade, ele foi essencial para que pudéssemos sobreviver ao ambiente hostil do início de nossa história. Trata-se de uma capacidade que o nosso cérebro tem para quando chegam a nós dois ou mais estímulos simultâneos e igualmente importantes, focarmos nossa atenção ao mais negativo. Agora você deve estar se perguntando, como focar o que é negativo pode ser positivo? Essa é mais uma das pegadinhas na vida. Mas, é fácil de entender.

Imagine a seguinte cena. Você está perdido numa floresta com sua família. Seus filhos estão com fome e você não vê alternativa que não seja se embrenhar, mata a dentro, para buscar alguma comida. De repente, você percebe um coelho ao seu alcance e seu cérebro vibra com a possibilidade de proteína fresca, mas ao mesmo tempo uma cobra está indo, sorrateiramente, em sua direção.

Bem, se você desistir, perde o coelho, mas se tentar e insistir, pode ser mordido pela cobra.

Numa situação dessa, com dois estímulos importantes, você tem pouquíssimo tempo para decidir, e certamente você irá optar por fugir da cobra, mesmo perdendo o coelho.

Quem agiu assim no passado sobreviveu, e quem fez diferente, certamente não ficou vivo para contar a história.

Agora você deve estar entendendo. Como esse aprendizado foi vital para nossa sobrevivência, nossos ancestrais desenvolveram uma tendência de prestar muito mais atenção ao perigo (estímulo negativo, aqui representado pela cobra), do que ao estímulo positivo (aqui representado pelo coelho).

Bem, o problema é que, se isso foi essencial para nossa sobrevivência, hoje essa tendência ao viés de negatividade não nos permite fazer um julgamento mais equilibrado da vida e de nós mesmos, à medida em que nos concentramos mais no lado negativo do que no positivo, o que desequilibra nossa percepção do real.

Isso fica ainda mais complicado quando levamos em consideração que não temos, em nossos dias, apenas dois estímulos, o coelho e a cobra. Temos uma profusão de estímulos disputando importância em nossa vida.

Para lidar com tantos estímulos nosso cérebro desenvolveu outra capacidade, que é a de filtrar o que é importante.

Isso nos ajuda muito a não nos perder num emaranhado de informações, mais ao mesmo tempo pode empobrecer nossa percepção, quando passamos a ver o mundo apenas através de nosso foco.

Agora imagine a combinação de viés de negatividade (nossa tendência de focar o que está dando errado), mais o filtro seletivo, numa sociedade que sempre mostra pessoas "excepcionais" (as chamadas celebridades), em comparação a nós, meros mortais.

Resultado, nos sentimos mais feios, burros, incapazes e, o que é pior, menos merecedores de sermos amados, o que provoca profunda angústia e dor. E vemos o mundo como desmoronando, nos tirando a esperança de dias melhores.

Já parou para pensar que não existam motivos para você se sentir tão mal com você e com o mundo? E que essa sensação é apenas fruto de uma visão equivocada de nós mesmos e do mundo que nossa modernidade nos apresenta?

Está na hora de você olhar para além das manchetes tenebrosas, para além da seleção simplificada da vida, estendendo os horizontes de suas percepções. Fazendo isso você ganha duas coisas de cara: uma visão mais justa de você, o que facilita o amor próprio, e da vida, que renova suas esperanças.

CAPÍTULO
VINTE E QUATRO

Como é dentro, é fora

* * *

O mundo de fora reverbera o mundo de dentro. É incrível como essa verdade secular, ainda hoje, não é percebida pela maioria das pessoas. A forma como nos vemos e nos tratamos é determinante para as pessoas nos verem e nos tratarem. Se você se ama e se respeita cria mais uma possibilidade de que os outros façam isso com você, e o contrário também é verdade.

Durante anos observei o quanto pessoas que não se amam e não se respeitam passam a vida inteira, numa luta diária, apenas para sobreviver, sempre em luta incessante contra seu desamor e o reflexo desse desamor nos outros. O pior é que em muitos casos as pessoas gostam e admiram você, mas esse registro não é percebido pela pessoa, pois quem não se ama tem tanta carência e exigência, que enxerga desamor em tudo e em todos, e termina por afastar e "confirmar" suas teses de que não são amados.

Chega mesmo a ser triste perceber quantas pessoas não investem num relacionamento saudável e maduro consigo mesmas.

Sempre dispostas à autocrítica mordaz e ferina; sabotam-se toda uma vida, deixando de revelar todo o seu potencial e destruindo todas as possibilidades que a vida oferece. Por se acharem imerecedoras do melhor da vida, não percebem, não acreditam e negam com desdém ou amargura cada janela aberta que a vida oferece.

Acredite, eu passei anos e anos de minha vida me sentindo, no mínimo, desprezível. Conseguia lembrar, de forma contínua e repetitiva, cada um de meus erros, e ignorava sistematicamente meus acertos. Isso fez com que, por raiva de mim mesmo a cada erro, não conseguisse ver o aprendizado que cada um deles me trazia. E como se no fundo a frase: "errar é humano" não servisse para mim, pois queria ser uma espécie de *x-man*, com poderes especiais. No fundo, por não me amar, sempre achei que precisava ser muito especial para merecer algum amor.

Incrivelmente, eu demorei a notar que as pessoas que realmente me amam, me amam como sou, não como eu gostaria de ser. Não querem que eu seja mais do que eu sou, e muitas vezes não me senti merecedor desse amor.

A verdade é que essa é uma luta constante. Hoje, me sinto bem melhor comigo mesmo, mas, vez por outra, a criança dolorida aparece. Antes achava que ela vinha para me derrubar novamente, hoje percebo que ela me lembra de que tudo passou e que, apesar das dores, sou mais forte. Mais forte não por ser perfeito ou invulnerável, mas forte por aceitar isso em mim, minhas imperfeições e vulnerabilidades, e mesmo assim achar que sou digno de me amar e ser amado.

Quero que você saiba uma coisa, ninguém completa essa jornada fantástica de se amar, por um simples e maravilhoso motivo, estamos sempre aprendendo a viver nas idas e vindas, nas quedas, erros e acertos, que é um processo que jamais acaba.

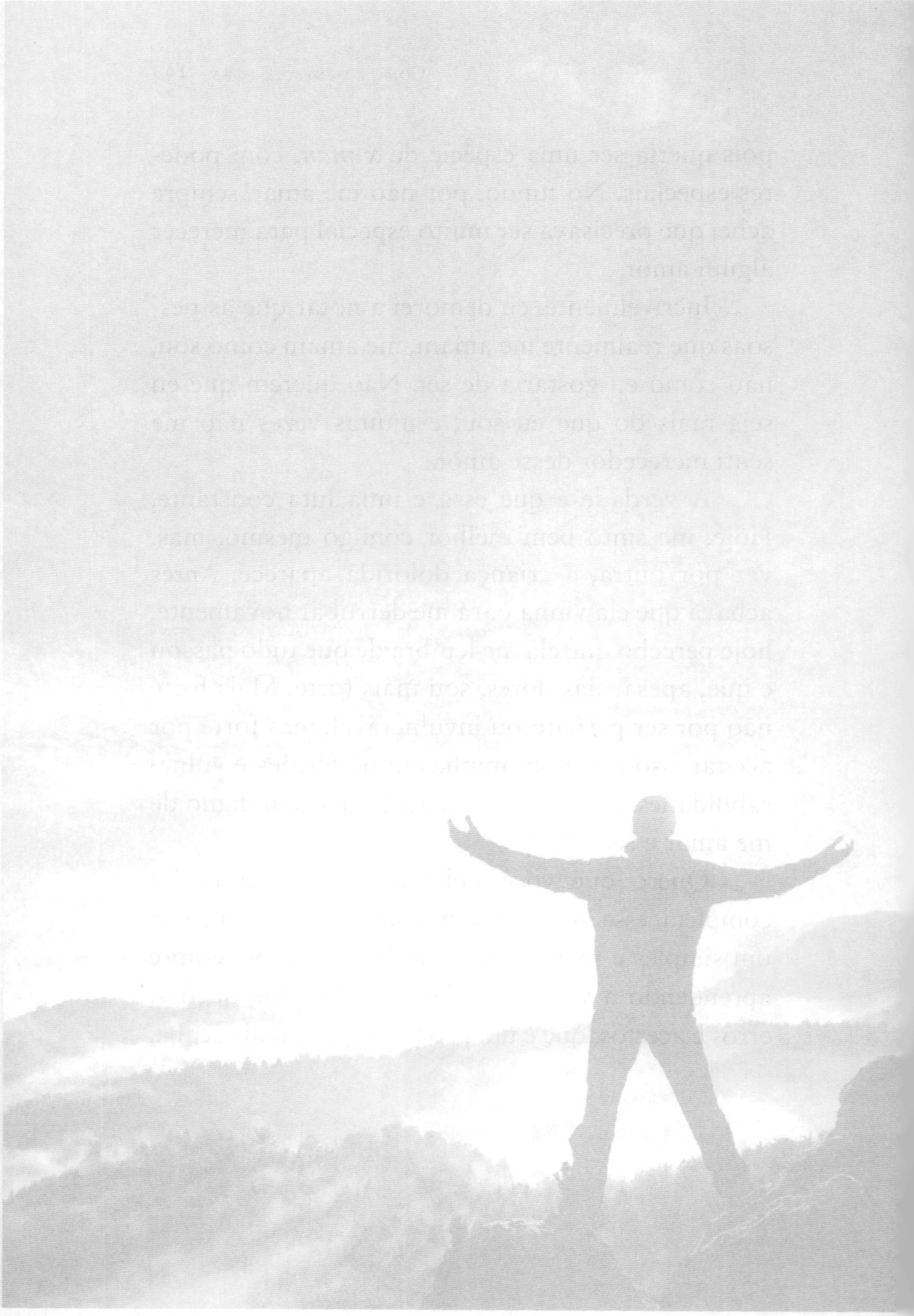

CAPÍTULO
VINTE E CINCO

Eu escolho ser feliz

* * *

A felicidade como uma busca humana está arraigada em nossas ações, desde há muito, mesmo que historicamente essa busca tenha tido alvos e motivos diferentes.

Vamos refletir sobre esta ideia: "Virando a página: eu escolho ser feliz."

"Vós sois a luz do mundo e o sal da terra". Sempre que eu vejo essa assertiva do Evangelho, fico pensando o que fez Jesus afirmar isso.

Das duas, uma: ou Jesus queria fazer palestra motivacional na Judeia (bem pouco provável), ou ele via em nós algo que a maioria das pessoas ainda não enxerga.

Sendo luz do mundo e sal da terra, o que ocorre em nossa mente para que nos sintamos inferiores? Para acharmos que as pessoas não nos amam ou darmos muita importância a isso? Para ficarmos tristes porque chegamos a um determinado lugar e ninguém nos deu bom dia? O que acontece conosco que nos deixa tão fraquinhos, tão frágeis?

Certa vez, eu estava dirigindo na estrada quando me deparei com o seguinte no para-choque de um caminhão: "Filho de Deus. Irmão de Jesus. Está pensando que sou fraco?". Então, por que nos sentimos tão impotentes quando somos filhos de Deus? O que acontece em nosso psiquismo para que cheguemos a esse ponto?

Já ouvi muitas vezes, de várias pessoas, um roseiral de queixas: o quanto não são valorizadas no trabalho, o quanto o parceiro ou a parceira não valoriza e sempre critica tudo na pessoa. As muitas relações desastrosas a que se submeteram. E terminam achando que nada que fazem é bom ou dá certo. Um sentimento terrível de incompetência pessoal que destrói o amor próprio de qualquer pessoa.

O pior de tudo isso é que quando eu perguntava o que a pessoa queria da vida, geralmente ela não sabia dizer, pois pensava mais em agradar e ser aceita do que se amar.

Tudo bem, amar-se não é uma tarefa fácil, sobretudo se temos uma visão ilusória de amor próprio e baseados em mitos e modelos externos a nós mesmos, numa comparação infantil e destrutiva com quem supomos ter uma vida "melhor" que a nossa.

Dito isso, precisamos entender que não há como amar-se sem antes aprender a aceitar-se de forma lúcida e consciente, com disposição real para fazer uma grande viagem interior na qual precisamos aceitar nossas falhas, nossa incompetência, incoerências e nossos medos.

Você deve estar se perguntando agora: Vou aceitar meus defeitos, e a mudança emocional e moral, onde ficam? A resposta é que o amadurecimento e o aperfeiçoamento de nosso ser está intimamente relacionado com a autoaceitação. Dito de outra forma, aceitar-se como se é não se constitui uma contradição à busca de aperfeiçoar-se.

Aceitar-se é na verdade uma condição sem a qual não melhoramos em nenhum aspecto, seja pessoal, moral ou espiritual.

Aceitar-se não é ser conivente com os próprios erros ou acreditar que podemos combater todas as nossas incoerências e fraquezas de uma só vez.

Acontece que, somente quando de fato nos aceitamos, é que podemos construir uma vida nova, e planejar como poderemos nos desenvolver de forma plena.

Ao me aceitar eu não estou dando uma declaração de que não há mais nada a ser feito e que não posso mudar, mas o poder de aceitar-se como se é, sem fantasias, nos permite entender que nossas falhas, apesar de fazer parte de nós, não nos definem.

Imagine que você resolva, do dia para noite, correr a São Silvestre. Então, você pega um par de tênis e, no primeiro dia que você resolveu caminhar, para começar a se aquecer para a meta, andou mais de cinco quilômetros e ainda correu em alguns trechos do percurso.

Bem, não precisa ser um educador físico para concluir que você não respeitou seus limites, foi imprudente e precipitado e estará todo dolorido depois. Nesse exemplo, quando aceitamos nossas limitações, estabelecemos um plano realista que respeita nossas restrições e, então, um dia de cada vez, conseguimos chegar à São Silvestre.

Entendeu a lógica agora? Quando me aceito eu uso minhas limitações como um ponto de partida, um marco para, a partir dali, desenvolver cada vez mais meu potencial. Não busco ser melhor para superar minhas limitações, eu uso minhas limitações como alavanca e norte que me indicam, exatamente o que, em mim, quero mudar e avançar.

O autoamor é um processo, não um destino final. A viagem é que é fantástica.

Foto: Fernanda Calixto

SOBRE A FRATERNIDADE SEM FRONTEIRAS

———•———

O ideal de fraternidade de Wagner Moura Gomes vem, aos poucos, unindo pessoas do Brasil e do mundo. Após onze anos do início do trabalho humanitário, mais de 16 mil pessoas tornaram-se madrinhas e padrinhos da *Fraternidade sem Fronteiras* e garantem alimentação, educação, cuidados com a saúde, formação para o trabalho e outras oportunidades transformadoras.

A corrente fraterna acolhe 21 mil pessoas, sendo a maioria crianças, em dez projetos humanitários. Além do apadrinhamento, voluntários se unem em ações e eventos em prol da causa, no Brasil e exterior.

"Ser sincero, desejar profundo...", a frase inspirada na música de Raul Seixas é uma verdade sentida e vivida por Wagner Moura Gomes. Ele vem sacudindo o mundo pela ideia de que, se cada um fizer um pouquinho, com amor... juntos venceremos a fome e faremos da Terra um lugar mais fraterno, mais feliz.

fraternidadesemfronteiras.org.br

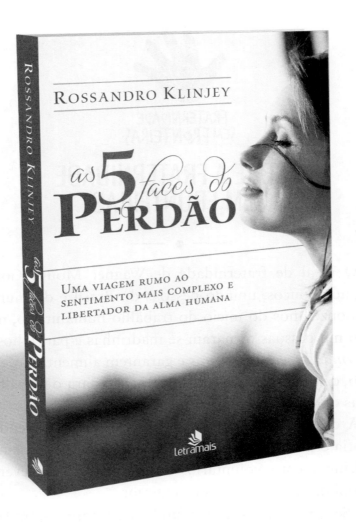

As 5 faces do perdão
Rossandro Klinjey

Rossandro Klinjey narra cinco casos reais de pessoas que tiveram a alegria de passar em revista de si mesmas, atravessaram seus desertos interiores e acessaram a gema preciosa da conciliação consigo mesmas.

Help! - me eduque
Rossandro Klinjey

O psicólogo clínico, Rossandro Klinjey, traz nesta fantástica obra sua ampla experiência, para entendermos por que os pais, apesar de amarem profundamente seus filhos, não estão conseguindo torná-los pessoas mais capazes, felizes e equilibradas. Uma leitura indispensável para todos aqueles que possuem a desafiadora tarefa de educar.

Para receber informações sobre nossos lançamentos, títulos e autores, bem como enviar seus comentários, utilize nossas mídias:

letramaiseditora.com.br
comercial2@letramais.com
youtube.com/@letramais
instagram.com/letramais
facebook.com/letramaiseditora

rossandro.com
youtube.com/rossandroklinjey
instagram.com/rossandroklinjey
facebook.com/rossandro.klinjey

Esta edição foi impressa pela Lis Gráfica e Editora no formato 160 x 230mm. Os papéis utilizados foram o Book Paper 70g/m² Imune Avena New para o miolo e Cartão Ningbo Fold 250g/m² para a capa. O texto principal foi composto com a fonte Sabon LT Std 13/18 e os títulos com a fonte Sabon LT Std 30/35.